李　侗

（1093—1163）

“福建历史文化名人丛书”编委会

主　任：林蔚芬
副主任：缪建萍
委　员：李道兴　杨文飞　林　彤　李培鋗

主　编：缪建萍
总策划：缪建萍

福建历史文化名人丛书

福建省社会科学界联合会 编

李侗

朱熹师尊

罗小平 编著

海峡出版发行集团 THE STRAITS PUBLISHING & DISTRIBUTING GROUP | 福建人民出版社 FUJIAN PEOPLE'S PUBLISHING HOUSE

图书在版编目（CIP）数据

李侗：朱熹师尊/罗小平编著. --福州：福建人民出版社，2017.9（2020.11重印）

（福建历史文化名人丛书）

ISBN 978-7-211-07752-6

Ⅰ. ①李… Ⅱ. ①罗… Ⅲ. ①李侗—生平事迹 Ⅳ. ①B244.99

中国版本图书馆CIP数据核字（2017）第211521号

李侗

LITONG

——朱熹师尊

作　　者：罗小平

责任编辑：何水儿

出版发行：福建人民出版社　　**电　　话**：0591-87533169(发行部)

网　　址：http://www.fjpph.com　　**电子邮箱**：fjpph7211@126.com

地　　址：福州市东水路76号　　**邮　　编**：350001

经　　销：福建新华发行（集团）有限责任公司

印　　刷：福建省金盾彩色印刷有限公司

地　　址：福州市金山浦上工业区D区24幢

开　　本：700毫米×1000毫米　1/16

印　　张：7.50

字　　数：82千字

版　　次：2017年9月第1版　　2020年11第2次印刷

书　　号：ISBN 978-7-211-07752-6

定　　价：25.00元

本书如有印装质量问题，影响阅读，请直接向承印厂调换。

版权所有，翻印必究。

总 序

李 红

社会科学承载着“认识世界、传承文明、创新理论、咨政育人、服务社会”的重要功能，是人类赖以传承的精神支柱。近年来，福建省各级各部门认真贯彻《福建省社会科学普及条例》，社会科学普及工作扎实开展、稳步推进，通过举办全省社科普及宣传周、建立社科普及基地、开办社科普及讲坛等社科普及咨询平台载体，其制度化、常态化、大众化工作取得了明显成效。

习近平总书记指出，文化是民族生存和发展的重要力量，中华优秀传统文化已经成为中华民族的基因，植根在中国人内心，潜移默化地影响着中国人的思维方式和行为方式。福建文化是中华文化中极富特色的一部分，深度融入了中国文化的进程，展现出突破陈规、积极进取、兼容并包、锐意创新的胸襟和气魄。向大众传播福建优秀的历史文化知识，是福建省社科普及工作的重要内容。以接福建地气、讲福建故事、塑福建形象、续福建文脉的姿态编辑出版的“福建历史文化名人丛书”，既较为全面地展示了福建文化深厚的历史底蕴和丰富的人文精神，也为福建当下的社会文化建设提供了有益的资鉴。“福建历史文化名人丛书”所包含的朱熹、林则徐、严复、陈嘉庚等人物传记，记录了福建文化之于中国历史的影响，同时也以人物史的叙述方式生动地展现出中国人文精神的风骨和传统文化的传承。

今天，我们提倡和弘扬社会主义核心价值观，必须从中华优秀传统文化中汲取丰富营养，否则就会缺乏生命力和影响力。“福建历史文化名人丛书”记录了福建历史文化人物的价值观践行轨迹，重温了这批福建历史文化乃至中国历史文化史上重要人物的生命历程，以浅显晓畅、通俗易懂的叙述方式讲述了中华优秀传统文化传承的当代意义，开辟了社会科学知识进入千家万户的新路子。

“最忆市桥灯火静，巷南巷北读书声。”一套好的社会科学普及丛书，总是能带动起读书的风气。将学习作为一种追求、爱好和健康的生活方式，也是“福建历史文化名人丛书”所期望实现的目标。在文字中领略福建地域文化魅力，在阅读中传承传统文化养分，在感悟中提升人文道德情操，社会科学普及丛书的出版，可谓正当其时。

（作者系福建省人民政府原副省长，福建省政协原副主席）

目　录

第一章

儒门世家　少年豪勇

李侗出身于儒门世家，祖上有进士多人，所以有着与常人不同的优越感。但因生活在乡村，他聪明、豪勇而又带着桀骜不驯的习气。在人们眼里，他放荡不羁，行为诡异，连他自己也承认不肖。

出身儒门

隋义宁元年（617年），李渊起兵太原，攻入关中。次年定都长安，建立唐朝。李渊有23个儿子，第20子李元祥被封为江王。因战国时期长江以南称“百越”，闽越是其中一支，李元祥也被称为“闽越江王”，福建许多李氏都把他当作入闽的一世祖。

李元祥有7个儿子，第二个儿子叫李晈，被封为武阳（位于江西赣江支流抚河东岸）王。李晈生祖丛，祖丛生万寿、万康，万康生楚珪、晁唐、晁嵩、晁崧，楚珪生尚昊、尚殷、尚连、尚芬、尚禄，尚芬生庭金、庭芝，庭金生李汉，李汉生李蔚。

唐末，李氏在治闽乱中有些建树。李蔚生李郱，李郱是李侗第十世祖，任河南光州司马前锋大将军，移居固始。广明元年（880年），安徽寿州的王绪起义。中和五年（885年），光州固始的王潮、王审邽、王审知三兄弟加入王绪队伍，并随王绪统领的光、寿二州5000兵马南下入闽，李郱随军入闽镇守泉州。因王绪多疑，杀害很多将领，又下令不许家属随军，造成军中恐慌，李郱协助军中将领囚禁王绪，拥王潮为帅。乾宁元年（894年），李郱迁居闽河东（今福州七星井附近），13年后去世。乾宁四年十二月，王潮死后，王审知继任威武军节度使。后梁开平三年（909年），王审知晋封为闽王。因李郱平王绪之乱有功，王审知追封他为“太尉”，谥号“忠勇”。

王审知死后，王室内乱不止。后晋天福四年（939年），王延曦立为闽王，李郱的儿子李真，是辅佐太子的大臣和老师。同时，李真的女儿被封为元妃。

李真生李俸，李俸生李钦。因时局动荡，为避祸乱，李俸携子投靠时任建州刺史的王延政，但建州也不安定。当时延平叫镡州（宋代叫剑浦县，是南剑州州治的所在地），李俸请调守镡州，并在城边天河巷买下一幢老宅，成为剑浦李氏开基祖。但是闽政局还是不稳，李俸只好迁到崇仁里樟岚乡（今南平市延平区炉下镇下岚村樟岚自然村）。

李俸、李钦迁居剑浦县后，繁衍子孙，在此定居100多年，成为当地的望族。因为宋代的南剑州相对安定，李氏在此安居，耕读传家，名儒辈出，当地也被称为儒林之乡。

从唐代李元祥到宋代李钦传了13代。李钦生李幹，字正臣，是宋天圣二年（1024年）朱郊榜进士，这是李侗祖上第一个进士。李幹任屯田郎，赠紫金光禄大夫。李幹生4个儿子，即李经、李绎、李缥、李纬。李绎，庆历六年（1046年）贾黯榜进士，任宣德郎；李缥，宝元元年（1038年）吕溱榜进士，任朝散大夫，赠中奉大夫；李纬，字思经，庆历二年（1042年）杨宝榜进士，任登仕郎、秘书省、校书，升崇信节度使推官。李幹及其儿子相继考中进士，在当时传为美谈，当地人称李家“父子四进士”。

李缥是李侗的祖父，生有3个儿子，即李灌、李泳、李涣。李泳，字潜夫，元祐三年（1088年）李常宁榜进士。李涣，任朝奉郎，赠朝议大夫，人称李朝奉、李朝议。李涣生4个儿子，长子李份，字丹文，荫补朝奉郎，后任邵武签院；次子李侁，字退翁，任过县尉；三子李侗；四子李倞，事迹不详。

也就是说，到李侗之前，他的先祖登进士的就有李幹、李绎、李缥、李纬、李泳5人，可谓儒学世家，也是官宦世家。

李侗家族的女性也很知名。他的曾祖母朱氏，赠清源郡君；祖母胡氏，赠永嘉郡太君；继祖母朱氏，赠咸宁郡太君；母亲饶氏，赠恭人。

李侗出生于宋哲宗元祐八年（1093年）八月十八日，排行老三，字愿中，号泗落翁。因晋太元四年（379年）南平改为延平，人们也称李侗为延平先生或李延平。

豪勇无羁

李侗生活的樟岚地处闽江源头之畔，是南剑州剑浦县的一个小山村，距南剑郡城20千米。这里青山叠翠，溪水淙淙，一派秀丽。特别是村头一座六角形小塔，如定海神针。小塔四周一片古樟，阴岚一片，乡人将村庄取名为樟岚。

樟岚有一所私塾，是李氏族人办的社学，在私塾里教书的老师姓谢，人们叫他谢社师。私塾的学生主要是李氏子弟，也兼收其他姓氏的子弟，小时候的李侗就在这里读书。李侗从小就聪明，加上族亲中多位都是儒士，学业比其他人更出色。几年之

李侗出生地——樟岚

后，李侗进到乡校读书。

一晃五六年，李侗从童年进入少年。在他十二三岁那年，传来一个消息，说是离家乡不远的罗源乡有一个罗从彦先生，能知天地的由来，能知万物的变化，这无疑增加了罗从彦的神秘感。

青少年是性格容易波动的时期，谁也没有想到，李侗的性格波动尤为明显。那年县里举行童试，原本相当自信的李侗因疏忽大意而名落孙山。李涣夫妇难以置信，李侗更不能接受。他在家里木讷了好几个月，常常辗转反侧，彻夜难眠，最后竟盯上了家里的酒缸。

晚上有酒，白天怎么办？外出撒野，分散注意力。樟岚有山有水，山可以嬉，水可以游，树可以爬，田可以“战”。他常常和伙伴到山上嬉戏，一去就是大半天。他豪勇无忌，不怕生死。人们说与蛇相遇时要“大路朝天，各走一边”，他偏偏要惹眼镜王蛇……

对李侗的夜来麻醉，日则忘我，李涣夫妇百般苦劝，族人耐心启发，李侗就是充耳不闻。更要命的是，李侗从驿铺弄来一匹白马，四处兜风。那年盛夏，一场暴雨过后，李侗独自骑马在山野狂奔。一个拐弯处，猛然抬头，见一根大树横在眼前，李侗勒紧缰绳，但距离太近无法停下脚步。眼看就要撞上大树了，说时迟，那时快，李侗松开了缰绳，就在白马从树下钻过去的一刹那，双手一伸便吊在碗口粗的树枝上，这才捡回了一条命。

李涣夫妇一脸愁容，从教导到训斥、责骂都无济于事。硬的不吃只好又来软的。李涣夫妇曾经为儿子提过几门亲，虽然没有成功，但他们认为帮他安个家或许是唯一的办法。但找了几户人家都被拒绝了，让李涣夫妇丢尽脸面。

豪勇、仗义本来无可非议，但需辨明义理、区分是非，李侗哪知道这些道理，只凭意气用事。朋友受人欺负，他打抱不平，把蛇挂在那户人家的门楣上；他讨厌装神弄鬼的巫觋，把路牌转了个方向，让人家走了很多冤枉路；他对刻薄的富户人家恨之入骨，在那户人家舂米的水碓石臼里灌水，白米变成了米浆……

在人们眼里，李侗可怕、可恶，又可恨。

求亲受挫

李侗能驾驭骏马，但马背上的李侗却没人能够驾驭。

李侗自从考试落选后，书箱便一直封存着，任凭虫咬也不在意。虽然有时候想起朋友个个意气风发，心里隐隐作痛，也曾到十多里外的林重寺静坐，说是要收敛身心。但心中的那片文化园地早已荒芜，身静而心不静。李涣夫妇苦口婆心，李侗当面允诺要改过迁善，但过后还是我行我素。

在外做官的李泳正好回家省亲，李涣上门讨教教子的办法。李泳毕竟学识渊博，他从孟子易子而教得到启发，提出让李侗到他家生活，或许会有一些效果。

心急火燎之际，李涣夫妇又想起儿子的婚事：跟李侗同龄的人都已生儿育女，李侗已是20多岁的大龄青年，成龙成凤不敢奢望，但不能不管儿子的婚事。考虑再三，夫妻二人找来媒人，但遭遇还像从前，几番下来，提了好几门亲，人家都婉言谢绝。原因归纳起来不外乎是一个：惹不起。

李涣夫妇面面相觑，一把火又“烧”到李侗身上，百般责备儿子的不是。但李侗却若无其事，劝父母别急，功到自然成。

李涣夫妇很纳闷，一向没几句正经话的儿子竟然宽慰他们。再三追问，李侗吐出实情，说自己已有心仪的姑娘。不过，问明

林重寺

缘由之后，却让李涣夫妇吓了一跳。

李侗看中的姑娘不是别人，正是剑浦县名士吴觏的女儿。吴姑娘也出身儒门世家，她的祖先在唐末迁居汀州，王审知受封闽王后，吴卓迁居剑浦县橘溪（今南平市延平区南山镇），成为南山延陵吴氏始祖。吴卓第七世孙吴辅（约1010—1090），天圣八年（1030年）进士。吴辅的次子吴仪（1043—1125）喜欢易经，在象数音律方面自成一家。吴仪的堂弟吴熙（1050—1130）是景祐元年（1034年）进士。他们兄弟情投意合，在城东的建溪东岸建了亭台楼榭，命名藏春峡，人们称他们兄弟为吴氏“双璧”。当时的文人儒士如黄裳、杨时、邓肃、陈瓘、陈渊等时常在这里聚会，啸咏诗赋。杨时还与吴仪反复讨论王安石的新学，罗从彦则在13岁的时候在吴仪门下求学。吴姑娘的父亲吴觏是吴仪的侄儿。

李侗家世与吴姑娘相似，问题是李侗不争气。起初，李涣夫妇十分为难，心里一直打鼓。但是，想着儿子的未来，还是硬着头皮请媒人上门提亲。媒人一听李涣夫妇的来意，皱起眉头，但碍于面子，还是答应走一趟。

媒人回来告知吴氏的条件让李涣夫妇两眼发呆。吴觐说不为别的，只是李家公子的性情不对。想娶吴姑娘为妻，必须是道学正传的人物。柴米可以借，知识文化何以能借？媒人说人家不是为难，《吴氏家训》中就有“内积专一，外致静正”的诫词，《吴氏训子歌》还说“予愿儿孙爱读书，博通经史成鸿儒”，祖上的规定不能违背。李侗显然不是吴氏择婿的人选。

李涣虽然出身儒学世家，但对“道学”却是一脸茫然。不过，这难不倒进士出身的李泳。李泳说，老子所说的“道”是宇宙的本原、本体，就是说宇宙和世间万物，都是由这个本体派生出来的，有这个本体才有宇宙、才有万物。这个本体就是自然法则。“道学”是探索这个法则如何运转不息的学问。但是，儒家

藏春峡

的“道”与道家、佛家的“道”有所不同。儒家有一个自成脉络体系的道统，它是由唐代的韩愈在《原道》中提出来的。韩愈说：“我所说的道，不是过去老子、佛家说的道，而是我们儒家的道。尧传给舜，舜传给禹，禹传给商汤，商汤传给周文王、周武王、周公（叔旦），周公传给孔子，孔子传给孟子。孟轲死后，道统中断了没有再往下传。”这个“道”就是尧舜创立的十六字心法，即“人心惟危，道心惟微，惟精惟一，允执厥中”。这个心法是探讨儒家道德性命的学问。意思是说，人心险恶难测，道心幽微难明，要用功精深、用心专一，做到言行不偏不倚，符合中正之道。

李泳说，孟子死后直到1500年后的北宋，周敦颐、程颢和程颐兄弟、张载在北方分别创立濂学、洛学、关学，以理代道，提出了宇宙的本原、本体是理或者气，他们的学说叫作理学。因理学家研究理学又追溯儒家传承的系统，又叫道学（《宋史》把继承道统、宣扬性命义理的哲学家归入道学，专辟一门“道学传”）。程颢、程颐兄弟创立洛学的时候，杨时北上求学。学成回来时，程颢高兴地对朋友说：“我们儒家的道统将向南传播了。”后来，游酢、杨时又在一个大雪天气到洛阳向程颐求学，道统和理学进一步向南面传播，这就是广为人知的“程门立雪”的故事。

李涣夫妇听了媒人的回复之后，五内如焚、一脸愁容。李侗更如五雷轰顶，不知所措，很久都没缓过神来。

李侗想不到婚姻与学问有关，更想不到学问是婚姻的先决条件。很长一段时间，李侗沉默不语、茶饭不思，满脑子除了“道学”外，白马、野趣都不翼而飞……

第二章

立志道学　拜师从彦

人生的不同阶段有不同的角色、不同的责任担当，错过了补救也为时不晚。李侗幡然醒悟，立志道学，拜同郡人罗从彦为师，开始了人生的转折。

投书求学

李涣夫妇知道罗从彦学有渊源，但考虑到儿子的表现又不敢贸然前往拜访，只告诉儿子书要靠自己读，道理需靠自己领会，父母能为你找到良师，却不能替你读书，更何况那个“道学正传”父母也生疏。

李侗性格本来也执拗，认定的事就勇往直前。但是，李侗深知自己“声名在外”，同郡的罗从彦多少知道自己的底细，也不敢贸然前往。李侗先是从外围打听罗从彦的情况，得知罗从彦小时候到过藏春峡跟随吴仪读书。后来，听说杨时是二程的学生，正在浙江萧山当知县，罗从彦便徒步到萧山跟随杨时读书。听了三天杨时讲学，罗从彦惊叹道：“如果没有到这里读书，几乎是虚度一生啊！”杨时期许可以跟罗从彦讲明道学，经常对罗从彦说程颐对易经乾九四爻讲得很好。罗从彦听了之后卖掉家里的田产作为路费到洛阳拜程颐为师。程颐反复对罗从彦说，你听杨时讲解就完全正确了。罗从彦回过头来再向杨时求学，时间长达20多年。

李侗详细了解罗从彦的求学经历，心中敬佩不已，但对怎么才能见到罗从彦却没有主意。前思后想，李侗决定先修书一封。

李侗搜集了大量儒家史料，又从二伯李泳那里了解了儒学发展的渊源脉络，给罗从彦写了洋洋洒洒的《初见罗豫章先生书》。内容大致分为五个层次。第一层次阐述读书的重要性。开篇就说，做人有3个根本：父母所生，老师教育，国君治理（包括德治、法治）。三者任意一项缺失都不可能树立起人的根本。其中重点是强调教育的重要性，他认为自古以来的圣贤都有老师，孔子与72个学生讲学问答，都在簿册之中可以稽考，儒家道学思想因此更加彰显。但是，孟子之后道统失传，分出许多门派，天下真正的儒士已很少见。李侗又举巫医乐师百工虽然术贱技小，也需有师傅传艺，更何况可以让人进德修业，可以治理天下，可以支配鬼神，可以参赞化育的儒家之道，如果失传可谓是最大的悲哀。

第二层次称赞罗从彦的学识。李侗称罗从彦为“乡丈”（是对同乡中有学识的儒士的尊称），认为汉唐时期许多儒士都无法跟罗从彦相比，罗丈已经到了不用说话就能让人们产生和谐，跟他人站在一起就能改变人的心性气质的地步。大凡读圣贤书的人，只要略有见识的，都愿意到罗丈的门下接受经典教育，以此质对心中的疑问。

第三层次表明态度。李侗说自己粗俗浅薄，也想到先生门下在祭祀时帮助做些洒水扫地之类的事。他悔恨自己以前白白地把时间用在了钻研应付科举上，不能到先生门下听从使唤。

第四层次是对道学的认识。李侗说，我听说道可以治心，好像粮食可以充饥、衣服可以御寒。人被饥寒逼迫的时候，就会急迫地设法寻找衣食，哪怕境况窘迫困顿、颠沛流离也一定要设法找到。

第五层次是自我检讨。李侗说自己不自量力、资质鄙陋，妄想请求到老师门下受学，只因祖父以儒学起家，不忍让祖先的事业衰落。当今许多勤勉不懈的读书人，都是为了利禄而读书。经过了漫长的岁月，虽然知道真儒有所作为，学子向慕而起兴，但都不如先生亲身从动静语默之间受到教益，通过观摩和意会获得真谛。李侗说，身为男人，生在中华，又有幸听说罗先生长者风范十多年。自己今年二十有四岁，茫然而没有进步，考察事理不明而是非难辨，居心不广而喜怒不定，操守不齐而灾祸多，精神充养不足而受到机谋巧诈袭扰，早晚都担惊受怕，不亚于像身体遭受饥寒寻求充饥御寒的食物和衣具。要不然，怎么敢以不贤之躯给先生增加负担呢？

李侗表示，愿在罗从彦门下接受教育，以求得到安身立命的重要方法，并且舍去今天的自我，摒弃过去一切不良痕迹，使今天受学没有阻碍。不正的气质，将随着读书而改变；沾染已久的习气也将随着进学而冰释融化，在此情境之下受到启发、受到开导、受到辅助，便能由此走向正路。心有舍弃，就会顺从听话，也会天天勤勉努力，即使付出生命也在所不惜。他表示自己将坚守这一信念，不敢自弃于罗先生门下。

李侗的信不仅层次分明、条理顺畅，而且态度诚恳、情真意切，令人感动。通篇突出一个“心性”主题，过去也罢，未来也罢，无非是一个心在作怪，改变心性、改变气质是做人做事的关键。罗从彦看中的正是这一点，针对李侗的毛病，用赠诗的方法开出了“药方”，在《勉李愿中五首》之一的诗中，罗从彦为李侗把脉：

圣道由来自坦夷，休迷佛学惑他歧。
死灰槁木浑无用，缘置心官不肯思。

心法是儒家的大经大法，尧舜心相授受的就是“允执厥中”，就是说人的言行必须不偏不倚，符合中正之道。但这只是一种理想，因为理学家说的物和物之理是客观的，而心是一身的主宰，可以影响物和物之理。樟岚的山水还是原来的山水，李侗也是原来的李侗，但心性不同、气质不同，就有不同的结果。罗从彦从心性出发，强调圣贤的道理坦率平易，是人之所以为人的道理，告诫李侗不要受佛教的迷惑走上歧途。同时，他勉励李侗不要自暴自弃，必须振作精神，发挥心的作用。

罗源受教

罗从彦是杨时的弟子，也是程颐的再传弟子，在道南学派（指道统向南传播的系统）中，杨时被称为第一家，罗从彦被称为第二家。罗从彦祖居地是南剑州剑浦县罗篁（今南平市延平区夏道镇篁路村）。他的祖先从南昌迁居剑浦县，居住几代之后，由罗文弼迁居罗篁。后来，罗从彦的父亲罗神继又迁往附近的太平仟罗，罗从彦就出生在这里，后又居住在罗源。

罗源古称罗源峡。罗从彦受学杨时之后，或在家乡讲学，或受沙县宗亲的邀请到洞天岩讲学。政和六年（1116年），罗从彦受老家宗亲的邀请回到罗源主持书院讲学。书院有颜乐斋、高傲

罗源罗从彦祠（豫章书院旧址）

轩、濯缨亭、独寐轩、白云亭等景观。“颜乐”取孔子弟子颜回箪食瓢饮而不改其乐，即“安贫乐道”之意；“高傲”有岩岩气象、品格不屈之意；“濯缨”有洗濯冠缨之意，比喻超脱世俗、操守高洁。书院有阁称“儒林阁”。书院外还有一眼山泉，名叫白水，因其水味甘香，又叫香泉。

在罗源读书的除了李侗之外，还有朱松和邓迪。李侗是写信向罗从彦拜师，朱松则是在尤溪县尉任上赋诗向罗从彦拜师。

但是，李侗在罗源读书之初，被当地人看成是笑话：有的说他懒惰，有的说他不务正业，还有的说他没有出息……一时间流言蜚语满天飞。

人们对李侗的非议不是没有道理。因为宋代规定，小孩8岁入学，或私塾或乡校，尔后是府、州、县学生员，取得秀才，再后来就是科举乡试、会试、殿试取得功名。24岁的人如果没有参加科举考试，也应该先娶妻生子、成家立业，而李侗这个时候一无所成还到书院读书，难怪人们另眼相看。

李侗心里当然纠结，不过他也想得开，谁叫自己不争气。孩童时期，饭来张口、衣来伸手，正是读书的大好时光，而偏偏自己放荡不羁，虚度年华。面对人们的非议，李侗不敢辩解，也无法辩解，内心苦楚恐怕只有自己知道。

在杨时众多的学生中，罗从彦是唯一一个既能深思又能努力实践，而且肩负道统重任、对圣贤学说具有极深造诣的学生。李侗从罗从彦那里学到了3个方面的知识。

一是静坐的治学方法。李侗在罗源终日跟着罗从彦相对静坐，如果某些事情想不明白，或者心里有丝毫私欲就退入堂中静坐，说是要在静中体验喜怒哀乐未发是怎样的气象。理学家重视涵养操存、培养心性，并以身体会、以心体验。治学先要治心，静坐就是治心的重要方法，这是程颢、程颐、杨时一路传下来的重要诀窍，目的是为了天地万物的“中和”气象。“中和”思想来自《中庸》：“喜怒哀乐之未发谓之中，发而皆中节谓之和。中也者，天下之大本也；和也者，天下之达道也。致中和，天地位焉，万物育焉。”意思是说，人都有喜怒哀乐的本性，这种本性没有向外发的时候是善的，就是孟子说的人性本善，也叫作中。向外发的时候因为受到外界因素的影响，有和与不和两种可能，能守节秉义、中正不易叫作和。达到中和的状态，天地按照各自的规律运行，万物按照各自的规律化育生长。所以理学家说“未发”为性，“已发”为情。“未发”之性是天地之性，也叫天命之性，是指自然界的本性；“已发”之性是“气质之性”。“气质之性”因受到“情”的干扰，存在善与不善的可能。静坐养心就是解决从“未发”到“已发”的过程，使“已发”可能变恶的气质之性趋于天地之性。罗从彦按照杨时的教育方法让学生静坐，在悠闲舒缓中体验客观事物与主观能动的初步印象。

二是读书的目的。心法是先秦儒家传下来的重要法宝，但汉代很多儒士只是解释经典，对读书的根本目的缺乏认识。罗从彦认为读书是为了求道，如果只读书而不知天理，跟没学没有两样。所以罗从彦教育学生要在静坐中探求本原、洞察道体。他在《勉学诗》中就批评当时的许多读书人奔走在名利场域的现象，要求学生要正确对待读书的目的。

三是学习儒家经典。罗从彦为李侗、朱松、邓迪等学生传授儒家经典。李侗说罗从彦讲学，多讲儒家经典，从来没多说一句杂语。李侗对罗从彦说的《西铭》只是发明一个事天的道理的印象十分深刻。

李侗在罗从彦门下潜心读书，用心理会罗从彦理学深奥的义理，成了一名品学兼优的学生。邓迪对朱松说：“愿中像洁白的冰壶，像秋天的明月，透明得没有一点瑕疵，不是我们能够相比的。”因为李侗品德高洁，人们还用黄庭坚称赞周敦颐的诗“胸中洒落如光风霁月”来称赞李侗。

《西铭》，北宋张载著。原为《正蒙·乾称篇》的一部分。作者曾于学堂双牖各录《乾称篇》的一部分，左书《砭愚》，右书《订顽》。后由程颐将《砭愚》改称《东铭》；将《订顽》改称《西铭》。文中提出“民胞物与”的思想，把宇宙看作一个大家族，说明个人的道德义务，宣扬“存，吾顺事；没，吾宁也”的乐天顺命思想。

李侗与罗从彦不仅同郡、同县，而且两家的距离只有十多里，但天下之人何其多？要找到心有灵犀、志同道合的却并不容易。其实，李侗在寻找良师的同时，罗从彦也在物色能够继承道统的学生。罗从彦收李侗为学生后给好友陈渊写的《与陈默堂书》表达了这一心声，他说圣人之道很衰微，如果能从后生中寻得一个半个可以在这里相互切磋学问的人，或许圣人之道便能传得更广，那么儒家的道统就不会孤立了。我遵照老兄说的办法，特别留意寻访，近来有后生李愿中，向往道学的志向很坚定，曾经来信请求要我收他为学生。他的志向大体端正。

李侗找到了一个深谙道学的老师，罗从彦得到了一个可以传承

道统的弟子，彼此都高兴。罗从彦离开罗源时，师生二人相互赠诗。李侗写《舍上辞归罗豫章先生》：

学道求师久剑潭，岂缘枯朽预儒涵。
致知事业同归理，克己工夫判立谈。
未借老商颜笑一，已偕韩氏俗重三。
过庭若问论诗礼，应问从谁学指南。

罗从彦收到李侗的诗后，也回赠《送延平行》诗给李侗：

圣言天远海潭潭，独在潜心久泳涵。
猥念百家非己好，妄将一贯与君谈。
贤如赐也才知二，学若陈亢只得三。
此道误来因自足，却随鹏鸟话图南。

接着再次赠诗《再用韵送延平行》曰：

心源寂静映寒潭，每欲操存更养涵。
顾我日思攀剧论，荷君时与得高谈。
眼前旧识知多少，物外深交没二三。
幸久相亲频握手，遽成分别又东南。

下嵐村
國泰
民安
耕讀傳家光風霽月仰先哲
李侗故里

第三章

默坐澄心　耕读传家

文化改变人的心性，回到家里的李侗与众不同。他专一而静，收敛身心；他读书明理，涵养操存；他默坐澄心，体认天理。李侗从一个不良青年变成一个尽心知性的儒者，也与吴姑娘终成眷属，完成了为人之子到为人之夫、为人之父的转变。

一改心性

罗从彦在罗源讲学时，已45岁，但他学而不厌，一边在罗源、沙县、连城等地讲学，一边继续求学。罗从彦离开罗源后又到毗陵（今江苏常州）向杨时求学。李侗则回到樟岚。

李侗学到了许多在乡校没有学过的知识，其中重要的是默坐澄心、体认天理的修身方法。回到家里的李侗渐渐有了新的气象：他打开书箱，把封尘已久的书籍摆得整整齐齐；他收拾房屋，将被褥衣物整理得井井有条；他打扫庭院、植树养花，把房前屋后打理得停停当当……

李侗知道，因为自己的过失，不仅耽误了十多年的大好时光，更耽误了家里许多事务：两个哥哥李份、李佺已经成家立业，分灶生活，家里只有父母、弟弟和自己4人，而此时父亲李涣已经年老。李侗开始“静”了。但静不是不涉世事的静，而是心静，是持敬。李侗仍然气度广大、洒脱豪放，只是心性不同、气质不同、理路不同。他和弟弟起早贪黑，帮助家里耕田种地。

很长一段时间，李侗沉浸在罗源的快乐时光之中，与朱松、邓迪交游的情景不时浮现在脑海。李侗从罗从彦那里知道，静坐是养心，养心是涵养心志，是治心的工夫。

一晃数年，重和元年（1118年），罗从彦从外地回到罗源，李侗与老师又有了一次短暂的相会。这次相聚，李侗认识了程门弟子侯师圣（字仲良），但李侗对他的印象不佳，原因是侯师圣做事不精细。那天，李侗跟罗从彦去拜访来剑浦探亲的侯师圣，他们刚坐下侯师圣就起身要走，李侗觉得他没有礼节。不过，侯师圣坚守先王之道、反对异端邪说的儒家立场让李侗称赞，特别是他对罗从彦说过不能只看《春秋》的经文，因为经文只是一个纲要，要了解曲折细微的历史详情，还是得参照左氏注释的《春秋》。

短暂的罗源读书，只是囫囵吞枣，需要仔细揣摩消化。罗从彦的话语不时在李侗耳边回响：

> 朝廷立法不可不严，有司行法不可不恕。不严则不足以禁天下之恶，不恕则不足以通天下之情……

李侗知道，这是君治。但君治要有严有恕、法情并重。

> 朝廷有教化，则士人有廉耻，士人有廉耻，则天下有风俗……

李侗知道，这是师教。朝廷教化的目的是使天下有良好的风俗，而具有知识涵养的士人学子要起模范带头作用。

李侗对罗从彦静坐体认天理的教学方法尤为深刻。什么是天理？李侗认为就是天地万物运转不息的规律，从自然界的角度说叫作法则、规律，从人类社会方面说叫作原则、准则。天地万物循环运转，必然有它们的内在规律。所以，这个“则”就是包括自然和社会的规律和准则。

那么，天理在哪？如何遵循天理？李侗从自己人生道路进行反思。理学家认为，就天地万物来说，理只有一个，也就是天下只有一个理，但这个理是总名。如天地万物因理而生，理生天地、生万物，这个万物也包括人。但天地万物运转不息是动静相推、阴阳相磨、五行相生相克的结果。所谓五行和顺，四季更替，万物才能且枯且荣、生生不息。天地万物一个理，但每个物又各自有一个理。比如竹与木生在山林，都是植物，都沐风雨而生，但它们的性质不同，竹不能成为木，木也不能变成竹，这是因为它们各自的理不同。

静能养心，静能养性。李侗从罗从彦那里明白了程颢说的

“性静的人可以做学问”的道理，并且用程颐的“敬”代替程颢的“静”，一改心性，回归到人的天命之性上来。

劳作之余，李侗外出漫步，樟岚人常常看到他在溪边娴静的身影……

终成眷属

宣和三年（1121年），李侗遭遇了有史以来最大的变故。先是那位要求自己成为道学正宗传人的未来岳父吴觐离开了人世。接着，父亲李涣去世。这年李侗29岁。李侗心里十分内疚：如果不是吴觐生前的“刁难”，何以能让自己收敛身心；如果不是父亲生前的谆谆教诲，不知道今天自己会是什么模样。

其实，自从李侗拜罗从彦为师后，吴觐也觉得当初话说得太重，再说自家的闺女也老大不小了，而李侗要成为道学的正宗传人，时间需要多久？道学“正宗”是什么标准？吴觐自己也说不上来。更重要的是，进士出身的吴方庆虽然也遵守古礼，但并不赞同父亲提出的苛刻条件，认为只要李侗改变心性就好。所以，李侗回到家乡后不久，吴觐就答应了闺女的婚事。

但是，这时候的李侗却另有心思。李侗认为，虽然自己在罗源接触了道学，但只是了解了一些道学的源流始末，离真正成为道学正宗传人还有很大的距离。自己心性的改变，只是迫于婚事，并不是出于自觉。李侗知道，要脱胎换骨，成为一名真正的道学人物，非下一番苦功不可。吴姑娘也传达了支持李侗进学的信息，认为父亲的愿望是让李侗明白读书是为自己修身进德，不是用来装饰门面。

乡村风俗，婚姻有先后，一般来说必须从大到小依次进行。

李侗拖延了婚事，弟弟李倞不能再等，饶恭人只好打破惯例先让李倞完婚。

吴觏的道学正传本来就是李侗的动力，吴姑娘的为己之学，更让李侗对学问有了新的认识。李侗认为，道学是人的道德性命之学，是践履之学。它强调的是做人的道理，是为己之学，这个“为己”不是物利，而是心利。心利才能利己利物。此时的李侗觉得，即使吴姑娘不支持，自己也会继续读书，完善自己的人格修养。

李侗时常把罗从彦教的《春秋》《中庸》《论语》《孟子》翻出来研读，又结合罗从彦的口授之学，进行参照、比较。当读到《孟子》说的“恻隐之心，仁之端也；羞恶之心，义之端也；辞让之心，礼之端也；是非之心，智之端也”之句时，对照罗从彦说的“仁义礼智是人的立身之本，不可或缺”，李侗认为心法确实重要，因为人心支配肢体，人的言语、行为都由心支配，而心有善与不善两端。善恶分际都在“我”心。有善人之心，有善人之举；有恶人之心，有恶人之举。

在读到《中庸》“天命之谓性，率性之谓道，修道之谓教”“道也者，不可须臾离也，可离非道也。是故君子戒慎乎其所不睹，恐惧乎其所不闻”时，李侗时刻用道来勉励自己。他用论志来解读：“圣人之道，用中庸来立言，以中等智力的人为例，必须十年有一大进步。如果让他困而知学，累积十年的工夫，每天孜孜不倦，也可以变化气质，这必然是一大进步。如果用鲁莽草率的态度对待道，不用心学习，虽然长达十年，也不过跟从前一样没有长进。说十年逐渐有所得是警醒学者，即使中等智力的人学孔子之道，也可以通过长期形成的习惯努力达到学道的目标。”所以，李侗觉得重要的是心，仁就是人心，心能通有

无，能彻悟有形和无形事物的规律。

李侗读书、静思，有了很多感悟：从《春秋》《中庸》《论语》《孟子》联系到理学家对经典的解释，从尧舜创立心法到孔子倡道洙泗、二程倡道伊洛、杨时倡道东南，李侗明白了理学家以理释性、以理释心的目的。理学家说的理本来讲的是天道，目的是用来质对人间世事的，正如《易》中所说："仰以观于天文，俯以察于地理，是故知幽明之故。"读书使人快乐，读书使人明智，读书使人心如明镜，以心观物、以心观理成了李侗生活的乐趣。李侗进入了道学的领域。心情愉悦的李侗提起笔，写下了《和静庵山居自咏》：

胜如城市宅，花木拥檐前。
一雨晓时过，群峰翠色鲜。
采荆烹白石，接竹引清泉。
车马长无到，逍遥乐葛天。

全诗从家居的景色，向外扩展到四周群山，又从延袤的群山回到家居、回到自我。家居乡村，好像有城市的熙攘之胜，花草、枝条蔓延廊庑。天刚拂晓，一场风雨飘过，群峰生出一番少有的新秀；厨房中的灶火烹煮着传说中神仙吃的粮食，竹槽接引山后的清泉。"葛天"是古乐名。意思是说，虽然门前没有往日车马的喧嚣，但生活却有葛天氏之乐的愉悦，表达出李侗钟情于闲情自在生活之意。

李侗与吴氏终成眷属，在南剑州传为佳话。

教子有方

这段曲折而圆满的姻缘，给李侗和吴氏留下了深刻的印记，小两口倍加珍惜、倍加恩爱。

李侗结婚时32岁，吴氏29岁，即便按现在的标准也都是大龄青年。古人说：“不孝有三，无后为大。”李侗和吴氏深知其中道理。婚后的第二年，吴氏生下一个女儿。当上父亲的李侗高兴得合不拢嘴。之后，吴氏又先后两次怀孕，但遗憾的是都流产了。饶恭人和几位妯娌神情紧张，因为他们是过来人，担心是否会成习惯性。吴氏再次怀孕的时候倍加小心。婆婆更是呵护有加，除了替吴氏分担家务外，还到处寻医问药，为吴氏保胎。然而，家人担心的事还是发生。随后的几年里，吴氏不敢再奢望生孩子。

乡村人家，靠体力过生活，没有男丁谁来养老送终，父母总不能跟着女儿一起走吧。李侗夫妇心里纠结。更让他们悲伤的是，女儿七八岁时一次到亲戚家玩耍，不幸吃蘑菇中毒身亡。

李侗悲痛万分，吴氏更是一连病了几个月。家人一边煎熬汤药调理，一边不停地劝慰。过了很长一

六甲：传说甲子、甲寅、甲辰、甲午、甲申、甲戌六个甲日，是上天创造万物的日子，故称女子怀孕为身怀六甲。

段时间，吴氏身体渐渐有了起色，只是始终怀不上孩子。

郎中给吴氏把脉的结果无非是说身体羸弱，要增强体质，但没说具体的办法。家人只好求神拜佛，但是，还是不能如愿。

不过，李侗更相信医家。身体羸弱不只是营养问题，李侗虽然成家晚，但家里多少有些基础，日子并不拮据。李侗告诉吴氏，天地之间，阴阳相推，方可成始成终。人也一样，要动静有常，古人虽有六甲的说法，但还须动静相须。吴氏不知道什么意思。

一天，李侗与吴氏经过一片菜地，李侗站在瓜棚下久久凝神，然后把吴氏拉到身边说：十斤的瓜要有负重十斤的瓜藤，十斤的瓜藤要有负重十斤的瓜棚，可见瓜藤是瓜之本，瓜棚是瓜藤之本。人性本自然，越娇养越脆弱，不要干重活就行，手头的事尽管做开去，这样才能增加饭量、增强体质。吴氏说有理。

绍兴四年（1134年）春，吴氏悄悄在李侗耳边嘀咕了一声，而后莞尔一笑。再问，吴氏只说或能如愿了。果然，十月怀胎，吴氏分娩了，一个胖墩墩的男孩。这一年，李侗已42岁。接着绍兴六年（1136年）、绍兴九年，吴氏又相继生了两个男孩。

李侗既崇古尚道，又遵循乡村风俗。几个孩子出生的时候，都办过“三朝”礼、满月酒、做晬（婴儿满一周岁办周岁酒宴请外婆家人的礼俗）等礼节。第一个孩子出生的时候，李侗给他取名友直，另外两个孩子叫友谅、友闻。三兄弟名字的由来是参考孔子说的“益者三友，损者三友。友直、友谅、友多闻”，期望他们长大后结交正直、诚实、广见博识的朋友。

从为人子，到为人夫，再到为人父，李侗在身份的转变中，深刻体会到了“不当家不知柴米贵”的道理，更有了对家庭的责任担当。他提醒自己，几个孩子千万不能有自己的德性基因，否则就会重蹈覆辙。但是，世事难料，李侗越担心事情越向反面发展。到了七八岁的时候，几个孩子也如同野马。吴氏则宽慰说：“小时了了，大未必佳。血肉之气人人都有，但你们祖上还有义理之气，几个孩子应该也会继承这种基因。”

李侗知道吴氏是冲着自己说的“气话”，他丝毫不敢松懈对孩子的教育。他给孩子们讲家史、讲治学、讲孝道、讲为人处世。李侗给孩子们讲李氏祖训。“人之百行，莫大于孝”，这是说人有百种行为，没有比孝更重要的；“年高、硕望，宜敬重，勿怠慢”，这是说要尊敬老人；“子姓蕃衍，皆祖宗一脉分形之人，族人尚笃亲亲之谊”，这是说子孙是祖宗一脉分支出来的，必须尊崇相亲相爱的情谊；“有志育读者，品行文章，著力砥砺”，这是说要有志于读书，文章与品行，要相互促进；“敦本务实，乃克有成”，这是说勤耕力作，家业才会兴旺；“应征粮谷，宜各早完，勿累宗族”，这是说向官府缴纳的税赋，应尽早完成，以免拖累家族。

李侗给孩子们讲最多的是理。李侗说，天地之间只有一个理，万物依靠理而生长、繁衍、变化、发展，人类也依靠理来维持秩序。他提醒孩子们，理本无正邪、善恶，但心有正邪、善恶，符合事物发展方向的是正理，反之就是歪理。比如有的人把妄为强横当成正理，这是歪理邪说，因为他不懂得友好相处是人们交往的基本准则。有的人对坏事也羡慕，并且跟着模仿，这是把歪理当成正理。李侗要求孩子们要明辨是非，区分善恶。李侗告诉孩子们，即使分不清理是善是恶也没关系，只要自己不做坏事就行。因为不能把做好事当成评价一个人善与不善的标准，做好事固然重要，但未必每个人天天都做好事，更多的是不做坏事。

宋儒亭
读书妙语自
行事慎言唯

第四章

日用践履　善化乡里

理学传承道统，是道德性命之学，是践履之学。李侗深知修身是修自身，齐家是齐自家。他从自我开始，从自家开始，把道德伦理落实在个人的言行举止之间，在日常生活中践行义理、树立典型、和睦邻里、善化一方。

和睦邻里

樟岚虽不大，但也是一个一两百人的村庄。李侗祖辈生活在樟岚，经过100多年的繁衍，逐渐成为当地的望族。

樟岚的地理形胜与剑浦其他乡村一样，也是两山相夹，不同的是樟岚地势平坦，民居错落，鳞次栉比。生活本是柴米油盐酱醋茶，因为自给自足，因为人情世故，因为所需生产生活资料，更因为道德性命的理解不同，既有以邻为友的好人家，也有以邻为壑的下流之家。

樟岚地处山区，竹木资源丰富，居民就地取材，所建房屋以木为柱，以竹为瓦，覆以茅草。家境富裕的人家，则将稻草拌入泥浆，糊在四周成为木骨泥墙，遮风挡雨。室内也立竹木为墙，隔成卧室、厨房数间。屋外搭建低矮木棚、竹棚，蓄养牲畜或辟为菜园。

因为同姓，因为抵御野兽侵袭，所以聚居；因为聚居，所以紧邻。闽北人称房屋为厝，厝也是家，回家叫回厝。厝是生活的地方，衣食住行都在这里打理；厝是文化的园地，婚丧喜庆都在这里重妆；厝还是精神的港湾，喜怒哀乐都在这里“上演”；厝更是人的终身课堂，从牙牙学语到成人，都离不开长辈的叮嘱。

李侗知道，治人要先修己。正如孔子说过，修己才能安人，修己才能安天下。《礼记·大学》中更有正心、诚意、修身、齐家、治国、平天下之语。正心就是心正，诚意就是端正诚恳，修身就是修养身心。可见，修身是修自身，齐家是齐自家，通过个人修为从内向外扩展，达到治国、平天下的终极目的。但是，治国、平天下，是儒家追求的道德理想境界，并不只是身份、地位的要求，“自天子以至于庶人，壹是皆以修身为本”，不只是皇帝要修身，百姓也一样。儒家说的“中和”，是人与人、人与社会的契合。彼此契合，以理服人，让人心悦诚服，就能一方和谐、天下和谐，就是治国、平天下。也就是说，治国、平天下要落实在自家己身，落实在自己日常生活的言行举止之间。

樟岚的村民中，多是李氏宗亲，其他村民也多与李家沾亲带故。李侗教育子女，凡事从自身做起，从自家做起，从族人宗亲做起。李侗的二哥李侁一向脾气暴躁，时常惹是生非，他在门前堆积杂物，妨碍另一家宗亲进出，人家上门说理，李侁反而破口大骂，甚至要打人。李侗把二哥叫到家里，耐心劝导：身为长辈，应该比别人更明理，一条小巷你家占了大半，人家无法出行。路是大家共有的，不是你家独有的财产。李侗说自己要亲力亲为，为他人做出榜样，才是真正的教化。李侁自知理亏，连夜搬走杂物，两家和好。

李侗的妻子吴氏是名儒之后，自然明理，但其他几个妯娌之间，却经常因一些鸡毛蒜皮的小事发生口角，不是你家说我家小气，就是我家说你家不知礼节；不是你家说我家亲戚没义气，就是我家说你家亲友刻薄，由此便产生了隔阂。甚至两个嫂嫂因为小孩开玩笑，险些出了人命，造成大人不相往来。李侗把嫂嫂、弟媳叫到一起，分析原因说，家里的矛盾多是女人小肚鸡肠、斤斤计较引起的。女人有能生小孩的大肚，也要有像生小孩大肚的“气肚”，这个“气肚”是和谐亲族的力量。之后，又把几个侄儿叫到一起，告诉他们天理讲的是一个“度”，玩笑可以开，哪个家里兄弟不“打架”？但也要把握尺度。人只有一个“度”最难把握，因为这个“度”在人的心里，可左可右，可前可后，可善可恶，全都需要自己掂量。在李侗的耐心启发下，家内家外从此一片和乐，再也听不到丝毫嘈杂声。

李侗自从跨入儒门之后，就严格遵守古礼。祖父李缥去世时，李侗刚一岁，丧礼由父亲操办。李涣去世时，李侗也按照古礼为父亲操办了丧葬礼。古代婚姻也有一套完整的程序和礼俗，李侗常常对亲族侄子的婚礼进行指点，对纳采、问名、纳吉、纳征、请期、亲迎等环节进行认真论证，避免出现不符合礼法的事情。李侗认为，礼是先人总结出来的成果，是为了解决人际关系问题，不仅要认真遵循，而且要仔细研磨，不能因为粗心而出现疏漏。

在族人眼里，李侗是一个知书达礼的人，他尊敬长辈，爱护晚辈，他还时常伸出援手帮助贫穷人家。所以，李侗在族人中左右逢源，上上下下关系处理得恰到好处。

劝禁溺婴

宋代的闽北虽然远离政治中心，很少受战乱的波及，但朝廷的赋税也多。本来，农业就是靠天吃饭，风调雨顺的时候农民收入就会增加，一旦出现水灾旱灾就会减产，甚至颗粒无收。如此一来就波及家庭，最严重的就是溺婴陋俗。

所谓溺婴，就是经济状况不好的家庭，无法养活更多的儿女，所以就将刚生下来的婴儿溺死。宋代闽北的建州、南剑州、邵武军普遍存在这种陋俗。武夷山五夫的理学先贤胡寅就险遭厄运。胡寅是理学家胡安国的侄儿，因为胡寅家经济困难，并且已经有多个孩子，他母亲生下他后，就打算把他扔进水桶溺死，胡安国的妻子得知后，把他抱回家才捡了一条命。

溺婴伤绝人理，人理也是天理，讲天理的理学家当然不能容忍，纷纷举起义旗声讨。杨时就给在顺昌任知县的朋友写信，请他禁止当地的溺婴陋俗。朱松在政和任县尉时也发布《戒杀子文》，并且说："我来闽中，听说闽地不喜欢多养子女，以杀子为平常事，不得不让人生出恻隐之心。无缘无故杀害自己的子孙，官法惩罪是很明确的。"

剑浦县同样存在溺婴问题，李侗对此深恶痛绝。李侗在罗从彦门下求学的时候，听朱松说过在政和发布过禁止溺婴的榜文，但朱松是以官府的名义禁止溺婴，自己没有这个优势，只能用开导的办法规劝乡亲。

李侗告诉乡亲，人可以随心所欲处置自家的东西，但人不是物，而是万物之灵。因为人有血有肉，是父母的再生之躯，溺婴无异于杀人，无异于杀己，是一种丧尽天理的陋俗。乡亲们听了李侗的话，心里愧疚，但他们说他们也是出于无奈，人总得自保，大人都无法保全自身，如何能保全小孩？李侗反问他们，那你们便先问问自己从何而来，如果你们的父母也如你们一样狠心，还有你们存在吗？溺婴是陋俗、恶俗，天理难容。李侗说，人要有仁人之心，仁与人合为一体才是天理。如果允许这种恶俗存在，那么我们跟杀人越货的盗贼有什么区别？

但是，说归说，做归做，溺婴的根源不在于忍心不忍心，而在于能否消除产生问题的根源。李侗思前想后，觉得单靠口头的劝说难以奏效，更重要的是想办法帮助乡亲走出困境。为此，李侗一方面上门耐心细致地解说，一方面帮助疏解民困。每当遇到灾害时，李侗就上门了解灾情，用自家节省的钱粮救助他们。一家的力量有限，李侗又动员宗亲捐钱捐粮，用于帮助生活困难的乡亲渡过难关。

因为李侗的举措，樟岚的溺婴恶俗得到遏制，但周边还有很多村庄溺婴事件不时传来。李侗从动员本族宗亲，扩大到动员外族宗亲、动员全村村民伸出援手，每户出份子钱，富裕人家不设上限，哪里有困难就帮助哪里，哪里需要就惠及哪里，不分宗亲、不分乡内乡外，只要有需要，就一视同仁。

李侗常常在晚上体验孟子所说的夜气。所谓夜气，就是人在晚上静思时产生的清明之气，也就是善念，但这种清明之气与心有关。在静思的时候没有物欲拖累，善念就不容易动摇。如果心像牛角上的横木易摇易动，就无法保存清明之气。所以，孟子说的夜气是养气。李侗用孟子的养气方法修身，在日间的实践中体会道理，晚上夜深人静的时候反思所作所为。李侗认为养气的目的是心与气合，只要气凝聚于心，就能立定根本。

李侗知道，溺婴客观存在，但做与不做效果不同：有恻隐之心，就会正视溺婴问题的存在；没有恻隐之心，对溺婴问题就视而不见。理学家正心诚意、格物穷理，为的是把事情做到恰如其分。但溺婴是社会问题，原因复杂，光有个人的浩然之气还不行，光靠民间力量也难以持久，尽管李侗用心良苦，也只是解决了表面上的问题。李侗想到朱松、想到官府。他向县、州两级官府陈情溺婴的危害，提出仿效外地的举子仓，为百姓解决困难，防止溺婴现象的发生。

李侗从天理的角度看待溺婴问题，它关乎社会风化，关乎伦理道德，关乎人类文明。但是，李侗的建议迟迟没有得到答复，直到嘉泰（1201—1204）之后，郡守叶筠、赵崇祉、刘允济、傅康相继向朝廷奏请后才开始设举子仓。与此同时，福建各地也开始设这类仓储，其中以溺婴的重灾区为多，如建安、瓯宁、浦城、建阳、松溪、崇安、政和等地。但这时，李侗已谢世近40年。

乡井共济

李侗跟罗从彦读书之后，改变了心性，但没有改变义理之气。相反，他从天命之性出发，把乡亲看成是自己的同胞。李侗认为，孟子所谓“乡田同井，出入相友，守望相助，疾病相扶持”，说的是周朝百姓安居在井田四周，一片井田的百姓就是一方乡亲，大家都要相互关心、相互扶助。

其实，樟岚乡除了溺婴之外，还有生产生活引发出的许多问题，大到自然灾害、人员伤亡、生活贫困、疾病痛苦，小到人情世故、婚丧嫁娶、风俗礼节等，处理不好就会引发矛盾，轻者人际关系不和，重者酿成惨祸。李侗是个有心人，吴姑娘嫁过来后，李侗就叫她跟乡村妇女学习辨识草药，因此乡里大凡伤风感冒、跌打损伤之类她都能帮人治愈。乡村出门见山，竹叶青、五步蛇、眼镜蛇很多，有的甚至侵入民居，有的盘曲猪舍，防不胜防，每年都有被蛇咬伤的乡亲。那年夏天，一群小儿乘着月光到田里叉泥鳅，回来的路上，一个小孩踩到一条拇指大的小蛇，几个小时后发出血泡，并不断向上身蔓延直到胸部，百般寻医问药无果。眼看小孩奄奄一息，吴夫人征求小孩家人意见，做了最后一搏，不料病情渐渐好转。一两个月之后便好了。

俗话说：“靠山吃山，靠水吃水。”樟岚人常常采集山果、野菇为食，由此引发了许多中毒事件。李侗的理学不仅是理论，而且是实践的学说，他与老农一起对野菇进行一一辨识。但野菇中毒事件还是时有发生，甚至同样一个地方采来的野菇，今年可以吃，明年吃了可能会中毒，这究竟是野菇的先天性，还是生长过程中受到环境的污染？人们无法做出解释。李侗认为肯定是前一种情况，因为自然界变化无穷，有毒无毒都是物质适应自然界生长的要求。也就是说，野菇自身规定了生长过程中有毒还是无毒。李侗提醒村民，人的智慧无法完全探索自然的规律，最好的办法是不要把性命当儿戏，不要抱着侥幸的心理以身试毒。

宋代的樟岚村民都有私田，但田只是“田制”的变化，田的自然地理没有变化，“井田”式的稻田千年不变，还是一丘挨着一丘。正因为如此，田埂交错、水涨水枯，引发出许多事端。雨水暴涨时，下游人家担心损坏田地，不肯开渠，流水不畅，导致上游田地被淹；枯水季节，上游人家为了自家稻谷生长，不肯放水，导致下游田地干涸龟裂，秧苗枯死。田埂阡陌，彼此相连，两家有私怨，一家故意说另一家心存不善，弄坏田埂不修，不肯让人家通过；另一家说天下道路不分你我，谁都可以走。李侗不是管理乡村的里正，也算不上士人，但乡里乡亲的不能袖手旁观。他唤来村民一方面讲明心与理的关系，化解纠纷。同时，针对旱涝问题商讨对策，倡议兴修水利，组织村民修筑沟渠，调节水流量；又仿效周边县的做法，建起水车，解决旱灾之忧。

李侗在樟岚的宗亲多，内外应酬、人情世故也多，李侗心路清明、通达事理，处理事情都符合节义：远房族侄因父亲年迈，没有劳力，插髻没有彩礼，李侗慷慨解囊；宗亲嫁女，迎亲时没有嫁妆，李侗把刚添置的被褥送到她家……

李侗在樟岚传播义理，更以实际行动实践义理，人们称他为李处士，说他是一个大好人。

洙泗
濂洛
豫章故裏
潜思
力行
承前啓后繼往開來
北闕典型南州冠冕
承楊啓李萃晦庵
走洛謁程從明道

第五章

感念恩师 协力归葬

罗从彦离开罗源后，一边讲学，一边求学，李侗思念恩师，读其书如见其人。罗从彦到广东博罗县任主簿，任满回乡途中病逝武平，停柩开元寺5年。李侗筹得资金，与罗从彦继子罗永一起到武平，历尽艰辛扶柩归葬。

思念恩师

罗从彦是一个勤奋的人，他离开罗源后著述不断，写了《春秋指归序》《台衡录》《中庸说》《语孟师说》《春秋指归》《韦斋记》《议论要语》等著作。

李侗自罗从彦离开后，师生见面的机会少，只有偶尔罗从彦返乡才能小聚。绍兴二年（1132年），罗从彦61岁时，得到皇帝特赐的进士，到广东博罗县任主簿，师生音讯从此断绝。李侗在家乡思念罗从彦。好长一段时间，他坐立不安、魂不守舍，跟丢了魂似的。干活的时候，体力消耗大，没时间多想；歇息的时候，那个书院、那个讲堂，常常在脑海里打转。他想起陈渊与老师酬唱的诗赋，想起与朱松、邓迪一起吟诗唱和的情景。他常常做梦看到老师的脸庞，清苦中带着几分严毅；他常常在梦中听到老师的话语，温和中带着几分期许。傍晚时分、茶余饭后，李侗常常走到樟岚的村口，站在通往罗源的岔道上，凝神遥望，每每看到远处的身影，好像就看到了恩师……

好在樟岚到县城要经过罗源，而书院就在路边，李侗每次进城的时候，只要负重不多，就会到书院兜兜圈子，或看看书院的院貌，或看看书院周围的花草，以此释怀。当然，李侗不会忘记师母，每次到罗源、篁乡（从罗源往南约十里即篁乡），都会带着礼物上门拜访，或帮助师母做些农活，或与师母聊聊家常……

建炎四年（1130年），罗从彦完成了《豫章文集》。宣和四年（1122年），罗从彦在完成《春秋指归》的同时，便开始动笔写《宋圣遵尧录》，于靖康元年（1126年）完成这部4万多字的著作，但直到绍兴三年（1133年）才最终修改成篇。

李侗很想一睹为快，但路途遥远，一时拿不到书，连《台衡录》也一直没有看到影子。但是，手头还有罗从彦的杂文《春秋指归》《春秋指归序》《中庸说》《议论要语》《语孟师说》，睹物思人，李侗把对罗从彦的思念转为研读他的理学著作。

李侗读《议论要语》，看到“人主读经则师其意，读史则师其迹。然读经以《尚书》为先，读史以《唐书》为首。盖《尚书》论人主善恶为多，《唐书》论朝廷变故最盛”时，李侗深有同感，因为《尚书》以记言为主，说的都是尧、舜、夏、商、周天子的言行。《唐书》记述自高祖武德元年（618年）至哀帝天祐四年（907年）共290年的历史事件。如安禄山之乱、卢杞之邪等。看到罗从彦说的“天下之变不起于四方，而起于朝廷。譬如人之伤气，则寒暑易侵；木之伤心，则风雨易折”时，李侗认为，朝廷只有用道德高尚的人为官，才能保证天下社稷长治久安。读到“三代之治在道而不在法，三代之法贵实而不贵名，后世反之，此享国与治安所以不同”时，李侗认为，用道治天下比用法治天下更为有效。读到“圣人无欲，君子寡欲，众人多欲”时，李侗觉得十分有理，因为圣人人格高尚、智慧超群，可以没有欲望；皇帝手中掌握着大权，应该减少欲望，否则就会导致私欲膨胀；而大众百姓是物质和精神的创造者，在守法的基础上可以有许多欲望，这样社会就会出现繁荣的景象。

书籍经典记载事迹、记载故事、记载得失，有义理之气者书中观理、书中悟理，何况是老师的大作，睹物思人，李侗更加思念远方的老师。

绍兴五年（1135年）冬的一天，突然传来一个噩耗，罗从彦任满回乡，走到汀州武平县时旧病复发，几天后便去世（一说病逝在博罗县，棺柩运到武平遇匪患无法前行）了，棺柩寄在武平县的开元寺。李侗得知消息，如同晴天霹雳。

力助归葬

武平县与广东交界，从剑浦到武平往返足有两千里，棺柩运回家乡需要花费的财力足以盖十几幢房屋，罗从彦家里没有能力，李侗也没有能力。李侗与罗从彦家人、族人商讨也拿不出对策，一时陷入困境。

罗从彦去世后，李侗心神恍惚。李侗本来想，老师已经64岁，到了退隐的年龄，回乡后不会再出去做官，这样一来便可以重演往日师生故事。谁能料到，老师竟客死他乡。

父母去世，做儿子的要为父母守孝，这是中国几千年来的传统。古代社会规定守孝要3年时间，即使在外地做官的人，也必须辞去官职返乡披麻戴孝为父母守墓，叫丁忧、丁艰等。老师去世，学生也要哀悼3年，叫心丧。

李侗连看一眼老师的棺柩都没有机会，只能面南而立，点香燃烛，注视绵延逶迤的群山，向武平的方向行致祭礼。每年清明、中秋，李侗到祠堂祭祀祖先之后，也要带着家人，祭祀恩师。每逢祭祀，李侗心里都备受煎熬，胸口如刀切般疼痛。更让李侗揪心的是落叶归根是乡人的情怀，老师死后连这个起码的心愿都无法实现。

李侗坐立不安，几年下来束手无策，每当夜深人静时总在思考。他想起恩师说的“死灰槁木浑无用”时有了灵感：只有筹钱才是解决问题的唯一办法。族人听说李侗要为运回罗从彦棺柩筹集路费，主动提出承担祀田的耕作。

李侗家有田十几亩，一年收的粮食只够家人过日子，但村里有田可租，李侗挨家挨户上门询问，租了十几亩，除了缴纳税谷外，多余的都拿到城里卖。李侗爱养兰花，以前有人出价要购买，但他都没卖，如今他重新联系客户，卖了不少兰花。李侗的水性好，农闲的时候，借来渔网到距樟岚十多里外的闽江打鱼。他甚至学会搬罾（音zēng，古代一种用木棍或竹竿做支架撑起渔网的捕鱼方式），端午节前后，河水暴涨时，他便到河湾回水的地方撒网打鱼，很有收获。李侗也跟亲友上山捕猎，虽然他出的力不多分得也少，但多少也能卖些钱。

既要开源，也要节流。李侗要家里也节省开支，每天粗茶淡饭，能温饱就行；逢年过节不添新衣裳，加一两个菜就好。总之，能少开支就尽量少开支。当然，因为孩子小，李侗也常常到小溪、田里抓一些鱼、虾、泥鳅、黄鳝之类给他们补充营养。

整整5年，李侗一家为罗从彦灵柩归葬而勤耕力作、省吃俭用，凑到了一定数目的钱，但找罗从彦的继子罗永合计，发现还有一些差距。由于开元寺来人催了好几次，李侗认为不能再拖，只能另想办法。经二人商量，请李、罗二族族长出面发动宗亲捐资。经过努力，总算凑足了所需的盘缠。李侗和罗永分头准备，雇车马，收拾衣裳、被褥、餐具等等。除了罗永外，罗氏家族另派罗友等子侄十多人随行。启程之前，李侗和罗从彦的族人先为罗从彦卜了墓地。

绍兴十年（1140年）初夏，农事结束后，李侗一行启程西行，经尤溪，转沙阳（今福建沙县），入永安，折连城，进上杭，半个多月之后到达武平。李侗见到恩师的棺柩，焚香祭拜，涕泪不止。一行人稍作整顿之后，扶柩返程。

俗话说，路远无轻担，意思是说路途远即使是很轻的担子都会变得很沉重。武平、上杭、连城、永安、三元（今三明）、沙阳在闽西北地界，重峦叠嶂、溪河纵横、山径曲折。李侗一行晓行夜宿、风餐露宿，逢山车载，遇河行舟，越后龙山、分水峰、屏帷山、横山、莲花峰，穿莒溪、新泉溪、杨梅滩，过虎忙岭、丹溪岭、白鹤岩、龙门洞，登石梯，爬陡坡，过栈道，涉山涧，住寺庙，吃冷饭，喝冷水，历尽千难万险。一路曲折，一路艰辛，直到孟夏四月上旬才把棺柩运回罗源。

下葬的当天，南剑州与剑浦县的大小官员、罗从彦的学生与族人齐聚墓地，李侗一行把罗从彦灵柩运到黄漈坑，举行了隆重的仪式。州守刘允济为罗从彦刻志，吴宗尧为罗从彦撰写祭文。

罗从彦的灵柩在外停柩5年后终于回到家乡罗源，李侗不畏艰辛为老师灵柩归葬成为南剑州又一个佳话。

撰写墓志铭

罗从彦下葬后，梗在李侗心头5年的石头终于落地。其实，李侗除了协助罗从彦灵柩归葬外，还做了一件很重要的事，那就是撰写墓志铭。罗从彦去世的那一年，李侗才42岁，资历、学术还浅。但罗从彦的儿子罗敦叙早在3年前就已去世，直系亲属中唯有继子罗永和一个刚刚两岁的孙子罗振宗，无论是从师生关系还是道义上说，李侗都是撰写罗从彦墓志铭的最佳人选。

李侗写这篇墓志铭花了不少心思，从谋篇布局到结构安排，从打腹稿到思想提炼，从遣词造句到文字用语，都做了精心思考，修改几遍之后，终于完成了《豫章罗先生墓志铭》：

越剑州罗源之乡，出十有五里许，为黄漈之阳。有兆焉，乃藏宋大儒罗先生者也。其向丁癸。其脉迢递，其形委蛇而蜿蜒。其林木茏苁而森葳，其环拱芭灵而孕粹，美哉佳兆乎！先生于侗，逊长于一日，实则沆瀣一气焉。梦楹之夕，敦匠执绋之举，侗既不能以不肖供其役。今幸得偕先生继嗣永之汀之武邑，归先生柩而穸之。乃于铭志实推诿焉，可不可耶，谨据摭而志之。先生之先，系出祝融之裔炎伯，其弟炎仲国于罗，厥姓遂仍之。数十传而后，或徙江之豫章。逾周，而汉而唐，会有乾符之乱，各镇分制。而王审知实制乎闽，因择七姓随乎节钺，罗居其一。数传来，惟罗最蕃衍，迁徙靡一。于时或沙或剑。而剑宗为先生远祖京成公。初居剑郭，久之，复居溪南篁乡。其曾大父文弼，大父世南，父神继，奕叶潜鳞，代有齿德。以故积美厚，而发祥宏，先生出于其间。天纵英敏，冲龄而然。稍壮，则宛委坟索，靡弗彻览。著为文章，形为吟咏，粹然一轨于正。已闻同郡龟山杨先生，继绝学于河洛，筮仕萧山。先生慨然鬻田，徒步请谒。及见，而喟然叹曰："不至是，几虚一生。"遂修北面礼于杨，而杨亦深器先生，两人相得欢甚！既归，筑室山中，杜门静业。虽以特奏擢科，主簿博罗。而胸次澹然泊然，揆厥所志，盖不以簪裾为华，而以担荷道统为己任。生平雅好著述，编牒鳞集，不可枚纪。纪其大者，若：《遵尧》《台衡》《春秋解》《诗解》《语孟师说》《中庸说》《议论要语》《二程龟山语录》《弟子答问》诸篇。而于道德事功，纪纲法度，彝伦日用之间，凿凿乎其言之也。至若怡情畅性，舒写心灵于吟讽间，不徒大有唐韵；其于继往开来，肩任道统之意，在在跃露诸载杀青者不论，论其逸者所云：问津挽予之句，是何蕴抱，是何局度乎。以侗椎鲁之质，偏驳之资，冶铸于先生者既久，熏炙于先生者最深。虽不能金玉其词，以绘所为粹质温中之模。乃敢忍于脉脉，不令真儒道范寿于永永乎？先生娶于李，为朝议大夫文捷公之女。端确贞静，相内敁寅。生一子讳敦叙，先先生卒，无嗣，有遗腹焉。先生有弟

叔嘘书请继于先生，坚请乃可，曰：“无后为不孝之大，吾存后吾，吾亡嗣子，今子先吾殁后吾明矣。”乃立兄伯常之次子。公卒，无何，而遗腹得男孙振宗。噫！先生之系，微而复续，人乎天耶？先生生熙宁壬子正月十五日寅时。卒绍兴乙卯十有一月至前一日，享遐六十有四。以绍兴庚申孟夏月癸酉日辰时，厝于斯兆。侗谨拜首而铭云：“郁芊佳城，峰峦峥嵘。藏先生魄，用奠于宁。丰镐木秀，曲阜草青，儒文道脉，日皎星晶。参苓孕粹，桃李储精。云封黯黯，雨化零零。躯返于穸，神昭于明，勒铭于石，万古仪型。”

这篇墓志铭虽然是记叙文，但兼用了描写、议论、抒情3种笔法。文章的结构为倒叙，李侗把它分为7个层次。

第一个层次，说明墓的地点。黄潦在罗源。“剑州”是唐代中叶延平的地名，因四川也有一个“剑州”，宋太平兴国四年（979年），在闽“剑州”之前加“南”，称“南剑州”，以示区别。李侗之所以在“剑州”之前加“越”，是因为战国时期长江以南称百越，包括浙江南部和整个福建则称闽越，习惯上也称越。

第二个层次，说明自己与罗从彦“沆瀣一气”。这个气不是祖孙相承的血肉之气，而是义理之气，是以振兴道统为己任之气。但是，李侗觉得为罗从彦写墓志铭的事应该由学术水平比自己更高的人来完成，然而罗从彦在武平去世后，自己没有尽到为老师置办棺柩牵引灵车之类的职责，心里十分愧疚。因为罗氏族人的请求，李侗表达了这番心情之后，责问自己难道还能推诿不写？李侗必须义不容辞接过这个重任。

第三个层次，记述罗从彦的家族史。李侗说唐末乾符（874—879）之乱，罗从彦的入闽族人有的迁移到沙县或剑浦。

定居在剑浦的远祖罗京成繁衍几代后迁居篁乡。罗从彦的曾祖父是罗文弼，祖父是罗世南，父亲是罗神继。

第四个层次，记述罗从彦的成长历程。罗从彦天资聪颖、勤奋好学，听说杨时得河洛之学后，便变卖田产徒步到萧山拜杨时为师，深受杨时器重。学业有成后他又回家乡在山里建山居，关起门来静修读书。得到朝廷特赐进士的罗从彦任广东博罗县主簿，仍然胸怀淡泊，不以显贵为华，而以宣扬道统为已任，雅好著述，编著的书籍不胜枚举，其中重要的有《遵尧》《台衡》等。

第五个层次，说明自己的性格。李侗谦虚地说自己愚钝、处事不周，说自己受罗从彦的教育培养很久、熏陶最深。他说自己虽无法用最珍贵美好的词语描绘罗从彦纯美的素质，但饱含温情、默然而思，罗从彦真儒的容颜、风范却永留心间。

第六个层次，说明罗从彦的家庭情况。罗从彦的夫人李氏是朝议大夫文捷公的女儿（李金翠），他的亲生儿子敦叙不幸去世，只留下遗腹子振宗。因为这个缘故，他的哥哥伯常（罗从奇）把次子罗永过继给罗从彦，墓志铭中说的“今幸得偕先生继嗣永之汀之武邑”，这里的“永”就是族谱里记载的罗永。

第七个层次，总结撰写墓志铭的感受。李侗开篇点题指出罗从彦墓地所在，中间分几个层次上溯归葬、祖先、家史、成长、求学、宦外过程，最后用韵文进行总结，刻在石碑上，让后人铭记老师的楷模、典范形象，表达对罗从彦传经授业的景仰之情。

需要指出的是，李侗写的这篇墓志铭是“捃摭而志之”。就是经过采集、核实罗从彦家族情况和罗从彦事迹之后写出来的。作为一名学生，李侗对老师的家庭情况固然了然于心，但李侗还是不敢信手拈来，因为墓志铭是一个人的最后定论，也是供后人查考事迹的资料，来不得半点马虎。由此可见，李侗撰写的《豫章罗先生墓志铭》是一篇史料性很强的信史。

第六章

心系天下　伤时忧国

李侗晚婚晚育，知天命之年几个孩子还在幼年，他为生计奔波，为乡里辛劳。但耕作、践行义理之余，他仍不忘读书，偶尔也赋诗作文，增添生活情趣，更有以诗言志，感时伤怀，抒发伤时忧国之情。

赋诗酬志

人生在世，除了衣食之外，还有一个精神世界，或读书增加知识，汲取书中的营养与智慧；或与贤人交往，探讨人生哲学；或创作诗篇，培养志趣雅兴。李侗一生没有太多的诗文宏著，由于历史的原因，李侗写的《萧山读书传》《论语讲说》《读易管见》没有留传下来，但从传世的诗歌中可以看出李侗的人生情怀。

李侗与藏春峡不仅有文化渊源，更有姻亲渊源。他的诗歌首唱的就是藏春峡的《咏归堂》：

咏归堂里静怡神，更步芳亭识趣新。
爱竹心虚初长笋，观梅香散渐含仁。
云将膏雨过桐岭，水泛桃花出剑津。
生意峡中藏得否，自家收拾满腔春。

吴仪、吴熙在藏春峡创建别业（指“旧业”或“宅第”以外另营别墅），让李侗羡慕不已。“咏归”取孔子与弟子在沂水之滨优游后“咏而归”之意。堂下四周亭台楼阁林立，有“老圃”“暗香”“虚心”“容照岩”“市隐”“清宁”“百花台”“隐鳞洞”等。这首七言诗描物摹景，绘声绘色；以物抒情，咏物言志。

首联咏咏归堂之静，让他心旷神怡。移步于芳草萋萋的亭台楼阁，仰观匾额上的命名与景观相映成趣。颔联描写竹、梅。“心虚”出自《晏子春秋》：“竹直心虚乃吾友，水淡性泊是我师。”李侗写竹清秀高雅、虚怀若谷的性格，也是以竹自况。梅花寒冬迎霜雪，已是君子的气象，何况渐渐散发香气之后，又饱含着仁的情怀。颈联从有形之物深入无形之理，在李侗眼里，雨是滋润万物的膏雨，这里借指吴仪、吴熙二人在藏春峡雅唱，如同膏雨滋润身心；他们淡泊的精神品格如同桃花灿若锦绣，从闽江之水泛出剑津，远播大地。尾联把“我”与藏春峡的盎然生意做了恰到好处的联系：藏春峡的自然生意由天理规定，胸腔里的文化生意则是吴氏兄弟自家整治的结果。李侗通过对二吴的赞美，寄望收拾自我的心性，像桃花那样和顺于内、英华发外。

理学家不仅重视物，更重视物之理。在李侗看来，眼前所见都是物，而物物有理。李侗的《瓮菜》就别有心志：

怜君真率意，清白出天然。
性定馨难变，身藏味始全。
能添高士供，偏助野人筵。
堪叹豪家子，珍馐空荐鲜。

瓮菜悉心尽性的清白出于天理之自然，是物之性所规定。它的香味隐藏在内部，与生俱来，无法人为地改变。它本来是可以奉献给高贵人家子弟的食物，却偏偏只有农家独享这种美味佳肴。慨叹豪门子弟，不知道祭献的祭品中少了瓮菜这类珍奇名贵的果蔬。李侗讽诵吟咏瓮菜，但有人问这个瓮菜是物还是人？答案肯定是后者，是李侗。他以瓮菜自比，虽然生在山野，但也关注庙堂里的时事，宋王朝的政治本应有来自民间的声音。这是李侗不为时用之叹，也是李侗傲骨之气的写照。

李侗爱养兰，几十年的养兰经历让他深谙兰花的习性。面对丛丛兰花，他写了一首《养兰口诀》，闲暇的时候，捧着口诀朗朗咏哦：

正月安排在坎方，黎明相对向阳光。
晨昏日晒都休管，要使苍颜不改常。

二月栽培更是难，须防叶作鹧鸪斑。
四围扦竹防风折，惜叶犹如惜玉环。
三月新条出旧丛，花盆切忌向西风。
提防湿处多生虱，根下犹嫌太肥浓。
四月庭中日乍炎，盆间泥土立时干。
新鲜井水休浇灌，腻水时倾味最甜。
五月新芽满旧窠，绿荫深处最平和。
此时老叶从他退，剪了之时愈见多。
六月骄阳暑渐加，芬芳枝叶正生花。
凉亭水阁堪安顿，或向檐前作架遮。
七月虽然暑渐消，只宜三日一番浇。
最嫌蚯蚓伤根本，苦皂煎汤尿汁调。
八月天时渐觉凉，任它风日也无妨。
经年污水今须换，却用鸡毛浸水浆。
九月时中有薄霜，阶前檐下好安藏。
若生蚁虱防黄肿，叶洒茶油庶不伤。
十月阳春暖气回，来年花笋又胚胎。
幽根不露真奇法，盆满尤须急换栽。
十一月天宜向阳，夜间须要慎收藏。
常叫土面生微湿，干燥之时叶便黄。
腊月风寒冰雪欺，严收暖处保孙枝。
直教冻解春司令，移向庭前对日晖。

与万物一样，兰花也是在一个理的规定下生长的植物，但习性不同、生长不同，管理也不同，不能人为改变它的自然习性。当然，兰花在生长过程中也受环境的影响，或虫害，或风折，但物不能知全体，自身难以抵御侵袭，必须由人帮助料理，就像人需要义理灌溉，品德才会更加完备。

伤时忧国

改变了心性的李侗，磨去了年少时的棱角，人们看到生活中的李侗和颜悦色，说话做事气定神闲。更让人们感叹的是，李侗平时恭谨温和，但对大是大非则用义理来判断，对事关国家命运的大事更是毫不含糊。

李侗关心国事源于元丰（1078—1085）以来的朝廷政局。在理学家看来，儒家心法自孟子之后不传，汉唐时期，虽然国家强盛，但又杂以霸道，不完全是王道之政。元丰之前的宋代朝廷，从宋太祖开基之后，太宗、真宗、仁宗继承三代之法，精神的运度、心术的绸缪都见于纲纪法度，人品的醇厚足以追溯前王的盛况。特别是宋太宗能继承基业，边防大事和国家政务也遵循先王规章法度，而且能节减财力，谨戒奢侈之风。仁宗时代，也能恭谨俭约。但是，熙宁、元丰两朝，功利思想纷纷抬头，导致宣和（1119—1125）末年金人入侵，以至于发生靖康之难。

道南学派的理学家对北宋政局颓败忧心忡忡，极力主张恢复三代先王之法。早在靖康元年（1126年），罗从彦就写了《宋圣遵尧录》，指出要效仿祖宗治政故事，恢复三代心法。

李侗时代，金人没有停下入侵的脚步，李侗以一介平民的身份关注朝廷的政局，关注着国家的前途命运。在李侗看来，无论是高庙之堂的皇帝、大臣，还是士人，抑或平民百姓，都有责任为国家的振兴尽一份心力，哪怕没有机会为国捐躯，也要用言论表达自己的呼声。

金人南侵是宋代的“外患”，但“内忧”是“外患”的一个重要的原因，而宗法秩序混乱又是导致“内忧”的原因。李侗闲居的时候，看似若无其事，实际上他为朝廷的多事之秋而担忧，对宋代的政局更是哀伤。他常常对村民们说，当今天下，已是到了“三纲不振、义利不分”的危险时刻。三纲不振，说明本来乖谬不正的人是不可被任用的，而朝廷偏偏任用这样的人，使得上下之间产生隔阂，国家日益衰微。义利不分，是说人追求财利而不知义，君主的势力就越来越孤立，一国之君应当留意这个问题，否则就会出现齐景公说的“虽有粟，吾得而食诸？”

辨明义利是儒家一直以来关注的话题。李侗从《尚书》《孟子》等经典中知道，儒家没有反对物利，相反把物质作为人类生存的基础。管子说：“仓廪实而知礼节，衣食足而知荣辱。”孟子说：“鱼与熊掌，二者不可兼得。”讲的就是义与利的关系。物利之心，人人都有，但要把握分寸，一个人得到鱼，一个人得到熊掌，二人尽欢；一个人既得鱼，又霸占了原本属于他人的熊掌，是人的私欲。也就是说，欲望是与生俱来的，但欲望需要用义理来节制，如果欲望无限扩张就会失去本心。李侗认为，朝廷对金人的态度优柔寡断，就是义利莫辨的结果。

“靖康之难”已经过去了二三十年，但李侗还是耿耿于怀。虽然他没有做官，京城临安（今浙江杭州）垂拱殿的朝政与南剑州一个乡村百姓没多大相干，但李侗忧国忧民的情怀总是抑不住的。这都集中体现在他的一些山水诗中。《梅林春信》写道：

积雪千林冻欲摧，倚栏日日望春回。
天公为我传消息，故遣梅花特地开。

这首七言绝句为抒情诗，但不是一般文人的抒情诗，而是一首从个体生命向齐家治国的跨越。首句从眼前的景物开始抒情，“积雪千林”是描写落雪的范围，眼前所见的群山，全部淹没在大雪之中。“欲摧”是形容积雪寒冻的程度，皑皑白雪摧残了群林的生机，莺飞蝶舞、鸟鸣虫唱的美景不复存在，为第二句抒情做了景观的铺垫。“倚栏”指出了作者的急迫心情。这种心情不是一天两天，而是每天或者说经常如此，并且是有意为之，意在盼望早日春回大地、温暖人间。第三句的“天公”语出《尚书大传》：“烟氛郊社，不修山川，不祝风雨，不时霜雪，不降责于天公。”谁来帮助实现春回大地的愿望？作者以天拟人，想象着天公是唤回春天的使者。第四句的动词“遣”字用得极佳。本来群山千林已是雪茫残境，没有丝毫生机，而这个“遣”字一出，梅花在寒冬腊月绽放异彩的神韵便淋漓尽致地表现出来。李侗所“遣”之梅花，与其说是寄望天公，不如说是作者的内心隐喻。

全诗以“梅林春信”为题，以物抒情，以情寄物，文辞之雅，意境之高，寓意之深，突出了梅林信使的主题，不愧是一位默坐澄心、体验天理的理学宗师之佳作。作者处在一个内忧外患的时代，通过这首诗可以读出一位闲居剑津之畔40多年的乡间平民力主抗金、恢复中原的期盼。

第七章

州学任教　九峰授学

因为李侗的道德达到仪型社会的要求，学术达到教学的水平，南剑州州学破格聘请他前往任教。

延聘州学

科举是朝廷的选官制度，取得功名的士子才有资格进入仕途，没有功名的学子只能望洋兴叹。但是，李侗却以一个乡间名士的身份被聘入南剑州学（旧址即今剑津中学），这在历史上是十分罕见的。

李侗被延聘南剑州学的时间大约在绍兴（1131—1162）中叶，推荐他的是州学教授任希纯。任希纯本名任文荐，闽县（今福州市）人，先后做过监察御史、江西提举、浙东提刑、太常少卿、浙西提刑、福建路都运副使、秘阁签书、建宁知府，与王普、刘藻齐名，是福州知名的理学前辈。

南剑州学创办于宋天圣三年（1025年），庆历四年（1044年）设立教授后到端平（1234—1236）中期，担任这一职务的有37人，其中绍兴年间任教授职务的有石公辄、刘希亮、虞翔、陈师孟、薛舜俞、吴康、任文荐、余溥、张敦熙、严有翼、江鹏、鲍乔12位，任文荐是第7任。绍兴年间共31年，以平均每人任职2.6年计算，任文荐的任职时间约在绍兴十八年（1148年）到绍兴二十年。这时候的李侗56~58岁。

其实，早在任希纯任州学教授之初，李侗就已与其相识，并且有过几次交流。李侗还给任希纯写了《小简借遵尧台衡录》，请他帮忙借罗从彦的《台衡录》《宋圣遵尧录》。但任希纯并没有借到这两本书。

读书修身不仅是个人德业的需要，也是社会的需要。南剑州的芸芸众生中，任希纯看上了李侗。明清时期的《宋元学案》《闽中理学渊源考》记载，李侗“尝为任希纯教授延入学作职事”，就是曾经被任希纯聘入州学任教。但因为李侗没有取得功名，南剑州学的教授中没有他的名字，只是做一名学正。学正与学录、司记、斋长、斋谕都是地方学校的初级学官，受学政的领导。

李侗祖辈都在樟岚，被聘入州学，不仅意味着个人生活的转移，也牵扯到家庭的很多事务，更重要的是生活的困难。虽然州学许诺会补助一些薪金，但两地相距几十里，往来不便是客观存在的事实。李侗与夫人协商认为，剑浦是南剑州治的所在地，州学是剑浦、将乐、顺昌、尤溪、沙县5个县的最高学府，进城后对几个儿子的学业有利。征得家人同意后，李侗把田产租给了家乡的亲戚。

当年，李侗的祖先李俸、李钦迁镡州时，在天河巷留有旧宅，后来又有几户樟岚李氏族人进城住进祖屋。得知李侗到州学任教，他们便将原来属于李侗份额的一间房屋腾了出来。

州学地处郡城的西山，当七闽要冲，建、剑二水交汇南流，四周九龙、双旌、文笔几座山峰环列如屏。州学的生员都是“清白”人家子弟，年龄都在十岁以上。教授的职责是教育生员，每月考课、品评优劣。李侗的职务是学正，就是负责品德教育。因李侗精通学问，而且经学纯朴贤明，任希纯品评生员考课优劣时，也时常征求李侗的意见。李侗提出儒学是践履之学，教育的目的是树立圣贤的志向，应当以德育为先，不能只用记诵、背诵作为评价的标准，否则就失去了教育的意义。他的意见得到任希纯的采纳。

李侗很在意州学的工作，原因是品德教育正是儒家所重视的。一个人无论知识多寡，品德是第一位。只有先学好品德，才能成为对国家有用的人才，所以他勤业敬业、不辞劳苦。

任希纯在州学任教几年后被调到外地做官，李侗因为工作勤勉，在随后的几任教授任上，继续受聘州学直到晚年。

李侗很怀念在任希纯任上受聘州学的那段时光，因为二人交往密切，李侗晚年先后给他写过两封书信。《与教授公》说：

侗顿首再拜，鼎元秘教尊兄座前：

侗不见颜范甚久，咫尺时闻动静，深以自慰。梅雨方懋，伏惟燕居，爽恺颐神，尊候万福。侗块处山樊，绝无曩昔师友，不闻道义之训。朝夕兀坐，赖天之灵，尚得以旧学寻绎，以警释贫惫而已。其他亦何足言？苦于无侣，可以纵步。前造斋馆，以承近月余论。临纸驰情未间，伏冀顺序，为远业加渐，以次升用。至叩，至叩。乘便谨上状，不宣。重午后一日。侗顿首再拜上。

“鼎元”是科举中状元、榜眼、探花的总称，这里是对任希纯的敬称。“秘”是秘阁签书的简称，“教”是教授的简称，李侗以职务称谓任希纯。“颜范”是南朝宋颜延之和范泰，都是著名学者，这里是对任希纯的尊称。信的大意说，很久没有见到你了，但因离你很近，时常听到你的消息，深深地感到安慰。梅雨方盛的时节，我只是在家闲居，爽朗地怡然养神，也希望听到你生活多福的消息。我住在一块小山旁，已经没有了过去那些师友，无法听到道义的师训。只是早晚茫然地端坐，好在天之有灵，还能够从过去所学的知识中抽引推求事物的道理，以此警醒冰释精神上的贫困罢了。其他还有什么好说的呢？但是，苦于没有学术的伴侣，可以像以前那样在学术上纵横古今。以前建的斋馆，可以作为现在闲暇时讲论的场所。现在给你写信十分神往，希望你万事顺达，为远大的事业循序渐进，得到提拔任用。

《又与教授公书》说：

侗顿首再拜。鼎元秘书契旧：

昨便中传示诲幅，并录示盛制，一睹心画，如见颜角。玩味以还，慰感未易可言。区区欲即嗣状，窃聆车马近与日者他适，以故未果于奉书，惟积倾仰耳！秋暑尚炽，远惟即日以还，庆侍尊候，动止万福。侗块处山间，绝无过从。赖有经史中古人心迹，可以探赜。虽粗能遣释朝夕，然离群索居，不自知其过者亦多矣。尚何敢疏一二于吾兄者邪？忽得不外指示所志，一一谛思，足见别后造道之深。钦服！钦服！侗文采鄙拙，未尝辄敢发一语。近为朋游见迫，有一二小诗，辄不揆录去求教，取笑而已，非敢以报来辱也。便次有以警诲者。千万勿吝，至恳！至恳！咫尺未期会合，且冀勉厉，以赴省闱大敌。行席巍科，为交游庆！此外加爱为祷。七月十四日，侗顿首再拜。

李侗说，昨天捎来的书信，像是一幅可以囊括天地而又诲人心智的画，已将大作抄录示知门人弟子。一看如同难以形容其妙的心画，就像看到你笑逐颜开。品味良久之后，感激欣慰之情莫可名状。我本想给你呈投书状，因到外地小住，所以没有给你写信，但看先生的书信中唯有积聚诚心时已让我仰慕不已。秋天暑气还相当重，本来想马上就回去，去拜访你。我住在一块小山间，身边已无以前在一起清闲安逸讲学的门人弟子，好在经史之中，有古人心迹，可以探索奥秘。虽然能打发时日，但孤独地一人居住，不知不觉地度过许多日子了，哪里还敢给你增加麻烦？忽然间得到老友指示志向，仔细思考，足见分别后你的品德修养相当深，实在让人钦佩叹服！我的文章浅俗拙劣，不敢随便发表言论。近来，被朋友逼迫，写了一两首小诗，就抄写下来寄去向你求教，这只不过是玩笑之作罢了，只要不玷污诗门就满足了。如果你有警醒明示的地方，千万不要吝啬提出。我与你近在咫尺而没相见的机会，在此姑且劝勉鼓励，希望你在科举中力战群雄，中得高第，以此作为我们相聚庆贺的话题。

李侗的两封书信情真意切、真诚感人。虽然李侗不是科举出身，但他是南剑州一方知名的学者，信中除了尊称、敬称任希纯外，用词讲究礼节，字里行间充满着谦逊的态度。

九峰讲学

李侗在州学任教，声名远播，一时间南剑州各地社会名流都邀请李侗上门讲学。

州学所教的内容多是为了应付科举考试的时文，许多学生感到厌烦，而李侗的道德性命之学则引起学生们的兴趣。鉴于李侗在南剑州的名望，州学在聘请李侗担任学正的同时，“或遣子弟从游受学”，也就是让学生跟随李侗在出游的过程中接受教育。

李侗给学生讲学的地点主要在九峰山的草堂。九峰山地处西溪（沙溪、富屯溪二水交汇形成）与建溪交汇处，因南剑州、剑浦地名，交汇之水也称剑潭、剑津。九峰山与南剑郡城一水之隔，南北相望，西望二水之流，北眺郡城风姿、建溪胜景。更有文人意蕴的是晋代的“双剑化龙”传说就发生在剑潭。九峰山以山峰层叠如九朵芙蓉得名，古八景中的“九峰月朗”“猿洞秋风”就在九峰山。

李侗的草堂在九峰山麓，是李侗到州学后创办的。因为在城里居住，来往的朋友多，加上一些学生也经常上门讨教学问，房子显得拥挤，李侗便在九峰山买下一座草寮，作为朋友聚会和讲学的场所。草寮四周有几畦菜地，山垄间还有几丘水田，李侗空闲的时候也种田种菜补贴家用。李侗还在草堂一角立了一个棚屋，用木头搭起一个案台，供上先祖和父亲的画像，充作祠堂。

州学的学生都是青少年，是应试科举的学生，李侗针对这一特点，重点给他们讲伦理、讲理学。李侗给学生传授“理一分殊”学说。“理一分殊”是程颐传授给杨时的学问，它是根据张载《西铭》说的“民，吾同胞；物，吾与也”归纳出来的。意思是说，天下的百姓，都是我的同胞；天下的万物，都与我一体。但是，杨时写信给程颐提出怀疑，认为这么说很容易跟墨子的泛爱论（普遍施爱）混在一起。程颐在《答杨时论西铭书》中回答说，《西铭》是明理一而分殊，不是墨子的兼爱学说。杨时豁然开朗。

什么叫“理一分殊”？李侗解释说，“理一分殊”从字面理解可以分作两段看，“理一”就是一理，即天下一个理，理学家把它叫作本体、本原，与老子说的“道”相似。“分殊”则是差别或区别，理学家把它叫作差等。差等有物的差等，也有事的差等。事的差等是实践的差别。可见，“理一分殊”就是“一理”与“万殊”的关系。但从发展的角度说，“理一分殊”又是一个整体，不能截然分开。李侗举例说，佛教说的“一月普现一切水，一切水月一月摄”就是很好的说明。一个月亮是本体、本原，它普现天下所有的水（包括江河湖海沟涧等）；天下所有的水月，又都是天上一个月亮影射出来的。理学家说的“理一分殊”就是这个意思：天下万物是由一个理派生，万物尽管各有不同，但又都是在一个理的规定下派生出来的。为此，理学家要求既要明白天下一个理，又要在分殊中深入实践这个总的理。所以理学家也把理学叫作体（本体、本原）用（分殊、实践）的学说或有体有用的学说。

这里需要注意两个问题：一是古代还有以德为本、以孝为本、以诚为本、以正直忠厚为本等说法，但都是理的外在表现，不能与本体、本原意义的理混为一谈。二是理本论不是否定物的存在，甚至陆九渊提出心就是理，也不是否定物的存在，而是强调理、心的重要性。因为只有遵守自然规律和准则，自然界和人类社会才会有序发展，但遵守还是不遵守在于心。理学家强调要把外物和物之理纳入我心，正如李侗对学生说的：“于涵养处着力，正是学者之要。若不如此存养，终不为己物也。”这个“己物”就是外物要与我相关，要在意社会的善善恶恶。比如街上有一块牌子，提醒人们不要随地扔垃圾、不要随地吐痰，有心的人一定会在意自己的行为，遵守社会公德；不在意的人对这块牌子则熟视无睹、视而不见，做出的行为就可能不符合文明规范。

李侗教学善于用事物或身边事引导学生，他把“理一分殊”引入社会人生，举例说孝道也是天理在社会实践中的一个准则，但表现形式千差万别，你家为患病的老人寻医问药，我家为老人端水端茶；你家子孙常陪老人聊天，我家子孙常陪老人散步。这种千差万别的孝的表现都是由孝道思想派生出来的，而孝道与忠、廉、节等又都是一个理（社会准则）派生出来的。

府、州、县的儒学（官方教育机构）教育与私人讲学方式不同。私人讲学除了讲授外，还可以采取相互切磋探讨的方式进行。李侗与州学的学生讲学昼夜不知疲倦，还根据学生知识水平参差不齐的情况，随深浅答问，引导启发学生读书学习，强调读书要经常反省自身才能有所得，才能达到圣人的境界。一次，他和学生一起回家的路上，指着山野问学生，花草树木为什么能生长？学生面面相觑。李侗见一个菜园子长满瓜豆，又风趣地问学生谁知道种瓜为什么得瓜，种豆为什么得豆？学生还是无法回答。李侗启发说，花草树木之所以能生长，是理的同一性，万物在一个相同的规律下生长；“种瓜不能得豆，种豆不能得瓜”则是分殊，每一种植物都有各自的性质和生长规律。“人间四月芳菲尽，山寺桃花始盛开。”植物虽然相同，但因所处的环境不同又有差别，这是地理气候的“分殊”。

李侗也跟学生讨论善恶问题。历史上的善恶观有孟子的性本善、荀子的性本恶、扬子的性善恶混三种说法，李侗让学生发表个人看法。有的学生说孟子说的性本善正确，坚持这一观点的学生认为，人本来就跟万物不同，性善是人的本质特征。有的说荀子的性本恶有理，主张这一观点的学生认为，人的本性本来就恶，之所以有善的一面，是因为受教育的结果。有的则说扬子的性善恶混更符合实际，主张这一观点的学生认为，人的本性有时善有时恶、此时善彼时恶，如果说教化能变恶为善，那么经过教化而本性不改又怎么解释，孟子不就骂过有些人像禽兽？李侗根据学生的讨论，做了一个简单的结论，人性本善是说人与万物的区别，虽然人有善有恶，但不能说人性本恶，或者说既善又恶。人之所以恶，是受外界因素的影响，没有把握好血肉之气与义理之气的关系。

当然，李侗知道州学的学生必须参加科举，所以在传授理学的同时，也传授学生科举方面的知识。特别是科举考试的方法，要求学生区分大经、兼经、论、策的不同，认真掌握程式，准确阐发经义。因李侗教学有方，受到人们的敬重，州学教育也效法他的教育方法。

李侗自从创办草堂后，声名远扬，十里八乡的乡村子弟都慕名而来，甚至远在长乐的刘嘉誉、沙县的罗博文也来向李侗求学。刘嘉誉，字德称，一名冈官，长乐人。在李侗门下读书之后，任广东乐昌县尉。罗博文，字宗约，又字宗礼，沙县城关人。他是罗畸的孙子，跟罗从彦是同宗。罗博文在李侗草堂读书后，由罗畸上奏朝廷补授将仕郎，后来又当了右迪功郎、福州司户参军。

李侗的学生中还有一个刘平甫，李侗很关心他的学问，曾连续给他写了两封信。其中一封信说，学问的道理不在于说了多少，只要默坐澄心、体认天理就行。如果真有所见，只要心里产生丝毫的私欲，就退入堂中听讲，在这方面持久用力，就能渐渐明白讲学的道理。另一封信则说，大凡有疑虑的地方，就必须静坐体察考究，这样必然明白人伦、体察天理，并在日用中着力，就能看出头绪。

九峰山草堂外也有一眼泉水，因罗从彦、李侗、朱熹先后在这里雅集或讲学，人们取蒙卦象辞之意命名为育德泉。李侗去世后60年的嘉定十五年（1222年），朱熹的弟子陈宓知南剑州，因九峰山有李侗草堂，故仿白鹿洞书院规制在九峰山创建延平书院。

| 第 | 八 | 章 |

雅集山水　教授朱熹

有道是，物以类聚，人以群分，不同的朋友话题不同、志趣不同。李侗以道学为旨趣，交往也多是儒家名士。他从先贤那里获得了精神滋养，又用这种滋养灌溉门人弟子，培养出集理学之大成的朱熹。

剑津交友

李侗在罗源读书，除了有朱松、邓迪等同学外，还认识了不少罗从彦的朋友，如廖仲辰、陈渊、邓肃、李纲、吴方庆等。之后的40多年，李侗跟这些儒士保持着密切的交往。

陈渊，字默堂，初名渐，字几叟。赐进士出身。他是陈瓘的侄儿，杨时的女婿。李侗清楚记得，罗从彦给陈渊写过信，陈渊收到信后，也给自己写过一封信。信中说，罗从彦隐居匿迹探求圣人志向，我友（指李侗）能自觉尊他为老师，这种志向哪里是见识短浅的人所能窥探推测出来的。圣学的学问无穷无尽，能够进入圣人之门的少之又少，况且深奥的义理呢？孔子这个门派有弟子三千，只有颜子最贤德，但不幸很短命，道统的传承难啊！

绍兴五年（1135年），陈渊因廖刚、胡寅等人的推荐，担任枢密院编修，得到丞相李纲的器重。陈渊与罗从彦交往密切，早年经常到罗源与罗从彦讨论学术，说自从与罗从彦交往后，经常从他那里听到从来没有听过的学术观点。

廖仲辰，名衙，与杨时同乡，善于通过写诗发表论议，而且是杨时的侄女婿。他受杨时教育，得事理的精微奥秘。

邓肃，字志宏，号拼榈，沙县八都邓敦人。少年的时候他就机警敏捷，能写文章，又擅长谈论，李纲见到他后就对他感到很惊奇，最后他们相互作诗酬和，成为忘年之交。后来，邓肃进入太学，因反对花石纲，被黜出太学。钦宗时，补承务郎，授鸿胪寺簿，升为右正言。李纲被罢相，邓肃上疏力争，被罢官回到家乡。李侗内兄吴方庆的第二任妻子就是邓肃的妹妹邓氏。

李侗与李纲的关系不仅来自邓肃，更来自吴方庆。吴方庆，字少琳，是吴觐的长子。宣和三年（1121年）进士。他少年时容貌秀美，聪明过人，好学且力行，广泛涉猎儒家经典和解释经典的传，特别对诗书有深入的研究。政和五年（1115年），吴方庆入太学读书，后来升为内舍（宋代太学分三舍，初学者入外舍，由外舍升内舍，由内舍升上舍）。吴方庆与李纲的交往源于当年的乡试，李纲看到他的卷子后批阅说："这个人必能为国家办好事情。"于是将其升为第一名，后来他调任吉州永昌尉，但因其父亲去世守孝未到任。后调建州，又因继母不随奉养，数年赋闲在家编集诗书。李纲出任宰相后，召吴方庆为参议。吴方庆到任时，李纲被罢相，吴方庆出任福州司户，又升任从仕郎任松溪知县。

李侗通过陈渊、邓肃、吴方庆等认识李纲，从此深居南剑州僻壤之地的一介平民与朝廷的政事紧密联系起来。李纲因上疏朝廷议论不合，被降职为南剑州沙县税监，后来闲居福州，经过剑浦时，李侗多次与李纲、陈渊、邓肃等在剑津湖畔雅聚，或议论国事，感激动人；或赋诗酬唱，释解愁绪。

李侗对罗源读书的美好时光念念不忘，时常与友人谈起罗从彦的山居诗。如《颜乐斋》：

山染岚光带日黄，萧然茅屋枕池塘。

自知寡与真堪笑，赖有颜瓢一味长。

前两句渲染书院的自然风光，日光照射下的山间雾气发出斑斓的光彩，寂寞冷落的书院伴着一方池塘。每个人心里都知道，孤立的书院里人烟清冷，好在大家都以颜回陋巷之乐为乐，这种快乐也意味深长。

李侗深交儒士，也与禅师、名羽有些交往，西林禅寺的惟可禅师就是其中之一，后来朱熹在剑浦求学就住在西林禅寺。不过，交往归交往，儒、释、道的界线还是划得清清楚楚。虽然李侗也认为佛、道有可取之处，如静坐是共同的修身方法，并不是哪家的专利，只是要把握分寸，立场不能动摇。李侗始终把佛、道当成异端，无论佛堂、道场怎么热闹，都无法深入他的内心。因为李侗对儒家之道本末俱备，并且把它当成是有体有用的学说，而不是佛、道空谈性命之学。

教授朱熹

人生在世，有喜乐也有哀怒，有酸甜也有苦辣。这些年，妻子吴氏患病，李侗到处寻医问药，但吴氏的身体还是每况愈下。绍兴二十二年（1152年），妻子一病不起，于第二年四月二十五日下午与世长辞。因为吴氏一生劳碌清苦，相夫教子，温良贤淑，仪型社会，朝廷赠她为郡君。

年届花甲的李侗无尽悲伤，想起30年来与吴氏生活的情景，痛苦大于欢乐，不是没穿，就是没吃，特别是为老师罗从彦筹钱归葬的那几年，日子更是穷困潦倒。如果不是夫人宽容，不要说心上的石头无法落下，几个孩子也养不活。虽然现在3个孩子已长大，但还没有取得功名，也没有成家立业。李侗伤心妻子走得太早、走得太快。

生活有时候总是充满无奈，但无奈也只能承受，树枯树荣、生老病死也是自然之理。李侗只好独自挑起家庭的重担。

建溪的南端有伤心的李侗，建溪的北端有初生牛犊的朱熹。朱熹的父亲朱松与李侗因为都是罗从彦的学生，两家情谊深厚，都把对方的孩子当作自己的孩子。只是10年前，朱松去世后，14岁的朱熹和5岁的妹妹朱心随母亲祝氏从建安（今建瓯）的环溪精舍到武夷山五夫后，到剑浦的路程更远了，两家的音讯也少了。

朱熹到了五夫跟随“武夷三先生”刘子翚、刘勉之、胡宪读书，后来刘勉之把长女刘清四嫁给朱熹。朱熹18岁参加建州乡贡考试。第二年四月到京城参加殿试，赐为同进士出身。就在李侗妻子吴氏去世的这年夏天，朱熹正好要到同安县担任主簿，从五夫下来经过剑浦，顺便拜访了李侗。

朱熹得知李侗妻子去世，泪如泉涌。因为朱熹小时候随父亲往来福州、杭州、建阳、尤溪、政和、建瓯、浦城等地时，见过李侗妻子。只是那时候年纪还小，对吴氏的相貌印象不深，但吴氏的慈祥还是让朱熹铭记在心。朱熹在五夫受教，兼收并蓄，读了不少儒家经典。但因为母亲祝氏和老师刘子翚敬佛拜佛，朱熹也深受影响，甚至一度与开善寺的道谦和尚往来密切。更重要的是朱熹接触到的儒家思想无法在刘子翚那里继续深入钻研，便想得到李侗的指教。

面对李侗家庭遭遇的不幸，朱熹如鲠在喉，但见李侗问起自己的家事，朱熹把10年来在五夫所学陈述了一遍，并提到了自己热衷的佛学，想听听李侗对佛学义理的高见。李侗沉默不语。

朱熹再三提出疑问，特别是认为佛家也有有无、苦乐、生灭而取中的所谓“中道”，这是禅学自觉。李侗只告诉朱熹佛学肯定不对，要他多读圣贤语录。

朱熹离开后，李侗静下心来思考。李侗担心，朱熹身上的佛气太重，满口都是佛学的昭昭灵灵，一心在这方面下工夫，并且深入体察佛法。李侗知道，类似朱熹迷恋佛学的读书人实在不少，伊洛的道学家程颢也曾迷恋佛学几十年，有这样的老师必然有这样的学生。程颢、程颐的四大弟子中，除了吕大临把道、佛视为异端外，谢良佐、杨时、游酢多少都有过热衷禅学的经历。能否从禅学中解脱出来，关键是看朱熹自己的造化。

朱熹到了同安主簿任上，按照李侗的叮嘱，公务之余勤读儒家经典，并用圣贤的理论来指导行政事务。主簿是管理文书的小官，也兼管赋税方面的事务，朱熹到任后采用造册点对签押的办法操作赋税收入，防止弄虚作假；严明规章制度，严厉处罚违反规定的人，下属和百姓都谨慎小心，不敢懈怠。朱熹的做法深受府、县长官的好评。主簿还兼管教育，朱熹把县里优秀的学生选入县学读书，聘请知名的儒士到县学担任教谕、训导，又从泉州等地收集经典放在县学供学生研读，自己空余时间还到县学为学生讲学。因为做官是为了给百姓造福、为了社会和谐，朱熹协助知县治理的同安出现良好的局面，慢慢地觉得儒家的学说很有滋味，同时也发现禅学有不少弱点，甚至漏洞百出。

朱熹在同安做主簿4年后离任，等待朝廷新的任命。其间，遵照上级官府的指令到漳州处理公务时，向州学教授陈知柔求学，写了《漳州教授厅壁记》；又到泉州向傅自得求学，写了《家藏石刻集》。直到绍兴二十七年（1157年）十月才回到五夫。绍兴二十八年正月，朱熹再次徒步100多千米来到剑浦。

这次到剑浦跟上次不同，朱熹是在有了匡扶济世的实践心得之后继续向李侗求学的。经过同安几年的琢磨，朱熹的学问开始在平实处下工夫，也觉察到过去所学的佛学不是真正的学问，李侗说的多读儒家经典、多读圣贤的语录没有欺骗自己。但自己的学问还很粗浅，需要进一步请李侗指点迷津、拨开云雾。所以，这次来剑浦不是上次仅仅是嘴巴上说的求学，而是要正式拜李侗为师。

朱熹见到李侗后，谈了担任同安主簿的体会，特别是谈了自己按照李侗说的办法协助知县治理地方的心得，并且强调因为一时没有外任，可以抽出一段时间住在剑浦以便向李侗请教。李侗深感朱熹有心向往道学，志向也比较正确，答应可以为朱熹解疑释惑。于是，朱熹正式拜李侗为师。

朱熹在剑浦住了3个月，日夜伴随在李侗身边求教。因李侗的房子小，朱熹只好住在距离李侗房子不远的西林禅寺。西林禅寺位于郡城东南（旧址在今南平市图书馆），五代梁朝建，惟可禅师是这里的高僧。朱熹在剑浦几个月的求学时间里，心情相当愉悦，在西林禅寺墙壁上题写“鸢飞鱼跃”4个字，表达拜师李侗之后的喜悦心情。同时，他还写了《题西林院壁》：

触目春光不易裁，此间何似舞雩台。

病躯若得长无事，春服既成一岁来。

舞雩台是孔子与弟子讲学的地方，朱熹跟李侗在一起相互论学，又游山玩水、咏风咏物，如同孔子与弟子优游讲学的快乐。

朱熹表示，如果身体没有大碍，每年春天的时候都会来这里向李侗当面求教。

每年都到剑浦求学是一种希望，实际上很难做到，但这之后的朱熹还是多次到过剑浦，也多次住在西林禅寺，其中绍兴三十年（1160年）、绍兴三十二年两次到剑浦向李侗求学，留下《题西林可师达观轩》《再题并序》等诗。

传授道旨

李侗与朱熹的师生关系从绍兴二十三年（1153年）开始，到隆兴元年（1163年）李侗去世持续了10年之久。其间，朱熹先后6次面见李侗当面受教。

李侗把从罗从彦那里学到的知识传授给朱熹，但又与罗从彦所教有所不同。罗从彦除了教李侗理学之外，更多的是恢复三代和宋初“一祖三宗”（太祖、太宗、真宗、仁宗）的治道思想，李侗教朱熹则侧重在儒家立场、治学方法及儒家经典3个方面。

坚定儒家立场是李侗教育朱熹的首要内容。李侗对朱熹说：“我们儒家学说之所以有别于道家、佛家，在于‘理一分殊’。坚持‘理一分殊’就是儒家。相反，就是异端。”李侗的观点来自韩愈，再往前则可以追溯到孟子。孟子认为，不坚守儒家之道，不是滑向杨朱的无君无父学说，就是滑向墨翟的兼爱学说。李侗认为这是儒家区别于道家、佛家的分水岭。

静中体认涵养工夫是李侗教育朱熹的治学方法。李侗告诉朱熹，“默坐澄心”是存养，也就是涵养善性；“体验天理”则是省察，也就是反省自己的思想、言行是否恰当。在办法上，李侗认为无欲就是静，佛家的静坐是修身的重要方法，李侗引用周敦颐主静的说法，静是排除杂念、克制欲望，这一点儒、佛是相同的。但儒家与道家、佛家的静坐有本质的区别。佛家的静是寂然不动的空寂，虽然他们知道静就没有欲望，但又变成专门下工夫求静，这是佛家、道家的学说；儒家则认为没有欲望就是静，但不是远世绝物，而是必须像圣人那样谨慎戒惧，以此全面把握喜怒哀乐没有向外发的时候保持中正不变的本质，情感向外发的时候就能恰到好处，这是儒家的学说。程颢、程颐兄弟都是理学家，但前者主静，后者主敬。敬是专一不二。李侗以静修身，把它当成一种涵养方法。李侗对朱熹说，如果心下热闹，就做不成学问，要朱熹学会持守恭敬之心，以静养心、以静修身。

不过，李侗提醒朱熹要辩证地看待静坐。什么叫静？李侗说领会得道理透明，自然是静。静坐是收拾到心里不受杂事干扰，就会见得道理；而看得出道理，则心里就会越发澄静。

朱熹初次见到李侗时，对他的学说不太理解。朱熹对人说，自己刚开始读书的时候，也喜欢宏大的言论，喜欢相同的不喜欢不同的，喜欢大的不喜欢小的。听了李延平所说，认为他把事情搞得太复杂了，不就是天下一个理吗？心里对他很是不服气。

李侗传承罗从彦的衣钵，自然把罗从彦传下来的儒家经典《春秋》《中庸》《论语》《孟子》传给朱熹，但又有所创新。

《春秋》是儒家推崇的一部重要经典，但是理学家对《春秋》的注释各不相同。李侗对朱熹说，《春秋》对历史事件的阐发就像看山看水、登山走路形势不同，不能拘泥于一种方法，必

须参酌稽考，才能全面把握历史事件的脉络。读书不能只是知道书中的文字，必须把自己摆到历史事件之内求取书中的道理，才能够理解圣人的本义。李侗还对朱熹说，看《春秋》应以胡安国的《春秋传》为准，因为罗从彦的《春秋》学规模不如胡安国。

李侗也跟朱熹讨论《中庸》。李侗对朱熹说，《中庸》是一部为后进的读书人开智悟理、精密准确、没有丝毫遗落的好书，它能察识喜怒哀乐“未发”求中的大旨。但读这本书不能只是背诵文字，必须身体力行去体验。像颜子之叹，是因为他有卓异的见识，把“我”与外界事物融为一体，心不违背眼前所见之物，然后向外扩充，事物就接近于中和了。李侗教育有创新，朱熹受学也有创新。李侗教育朱熹时，把心看成“已发”，后来朱熹体悟出心包括体与用、性与情，“未发”为体，“已发”为用；“未发”为性，“已发”为情，心统性情。

李侗与朱熹讲《论语》，主要是探讨“忠恕一贯”的意旨。李侗告诉朱熹“忠恕”可分开理解，“忠”是忠诚的意思，就是心没有二心、意没有二意；“恕”是宽恕，把没有二心、二意之心推己及人。也可以这么说，尽自己之心叫作忠，推自己之心叫作恕。李侗说孔子告诉曾参“吾道一以贯之”，这个“道”就是忠恕之道，是儒家的心法。“吾道一贯”就是心与意都要一以贯之、贯彻始终，自己明心尽性，进而推广到社会，贯彻到生活日用之中。

李侗说，“道”这个字是老子体会出来的，讲的是自然的本原，我们儒家也用这个“道”。但是，儒家的“道”除了纯粹的天地之道外，还有人文之道，它就是尧舜之道，是心法之道，也就是道德性命之道。后来，程颐体会出“理”字，以理代道，理就是道，道就是理，“吾道一贯”就是理之一贯，也可以说是“道理一贯”。道与理是同一性质的不同表述。“理一分殊”就是儒家的“吾道一贯”。他告诉朱熹，学问的道理不是说得多，而在于要在默坐澄心中体认天理，心中的丝毫私欲，都必须退让而顺从天理。学者的错误在于心中因私意而产生的滞碍不能冰解冻释。“理一分殊”要像程颐说的“体用一源，显微无间”，就是说，道这个本体与实践出自同一个本原，二者不能有丝毫的间隔，否则就会产生体是体、用是用，体与用两不相干的现象。道的含义广大，它涵盖天地万物，天地万物遵循阴阳五行变化的自然法则就会呈现出生生不息的景象；仁、义、礼、智、信则是天理在人事中的规定性，遵循这个“五常”，人类社会就会呈现和谐的局面。

总之，李侗在教育朱熹掌握治学方法的同时，也通过儒家经典传授治政的道理。不过，在朱熹看来，李侗较少讲解经典文本，但他辨析理义却很精到细密，一毫一厘都观察得清清楚楚。朱熹跟李侗读书十年，从开始深信佛教，到在李侗的教育帮助下转向儒学，人们评价朱熹的这个转变叫“逃禅归儒”。

天趣园观理

李侗家乡樟岚的东面，有一个名叫杜溪里的地方，距剑浦县城约25千米。因村外有一条小溪名叫杜溪，发源于坑柄岭，这一带也叫杜溪里（今南平市延平区炉下镇）。这里有一处胜景叫天趣园，内有磐陀石，一丈见方，群山环峙，清泉涌流；佳木荫森，花秀深蔚。朱熹到剑浦县受学时，李侗常常带他外出游学，一边讨论学问，一边观山玩水，在山水中体验自然之理。

这年春天，李侗和朱熹又来到杜溪里，他们沿着岸边的小路逆流向岭兜村前行。阳春三月，正是百花盛开的时节：秧田里，农民牛铃摇春光，一片繁忙景象；路边上，桃花嫣红，柳枝碧绿。师生二人时而窃窃私语，时而开怀欢笑，时而悠然漫步，时而驻足静观……

走了三四里，见一座小廊桥横跨溪上，李侗对朱熹说，闽越先民有智巧，从唐代剑浦建清风桥、五代建阳建望考桥之后，到今天有石拱桥、木拱桥之类，甚至建起了廊桥，实用又好看，很有闽越特色。师生二人走进廊桥，端坐在美人靠上，桥下流

茫荡山宝珠廊桥

水淙淙，桥上师生问答。李侗说，看圣人语录要精神振作、意气风发，这样看出的道理才是真意思。越能看出道理，就会越用心看。如果只是用力而心不在焉，则多半没有结果。

年近七十的李侗已是两鬓斑白，但禀赋看起来特别有力，不仅气象豪迈，精神充养也很完美。李侗见朱熹走路有些匆忙，对他说天下有走不完的路，急不会变短，慢不会变长，与其急着走得累，不如慢走保持体力。读书跟走路一样，囫囵吞枣不能精义入神，慢读细品才能读出滋味。做事也一样，一件事的道理理会之后，再做一件；今天做一件，明天做一件，积累起来，就会知道许多道理。

李侗与朱熹在村外的溪边小坐，观赏眼前风物：数步之遥的对岸，笋竹成排，犹如画屏；溪流中乱石穿空，涧水击石。李侗说，自然界有许多道理，竹之所以不长在水田，是因为“知道”田中有水不能成活，而岸边具备竹子生长的条件。天下石头千万，有在山上的，有在河里的，有在田里的，有在路上的，也是自有它们存在的道理。就溪河的石头来说，有的在溪头，有的在溪尾，有的在岸边，有的在中央，都是水流之势造成的。虽然人的力量可以使某一石头的存在方式发生变化，但无法让所有的石头改变存在方式。所以，人必须遵守或者说适应自然法则，而不是自然法则适应人的需要。

朱熹一边倾听老师的教诲，一边顺手拾起脚下的一片枯叶抛向空中。叶子在空中翩然起舞、旋转几圈后落入小溪。李侗看在眼里，打趣说，人禀“五行”之秀而生，自知比万物更贵重，但人的贵重是说人比物更有灵性，而某些技能往往不如物，甚至连

微微的山风的本事都没有。叶子抛向空中之后，落在哪，方向朝哪，是风的力量决定的。李侗见朱熹不语，在地下画了一个圈，让朱熹再抛一片叶子，看看是不是能落在圆圈内，是不是能让叶子头朝东、尾朝西？朱熹笑着说，老师高见。

天趣园的景物自然天趣，李侗从这方天趣引入人生之趣。朱熹问，孔子的弟子说，君子在别人看来有三种变化，远看君子觉得他威严可怕，接近君子觉得他温和可亲，听君子讲话觉得他理性严厉，如何把握这三种状态？李侗说，君子的变要与外界的事物相联系，其中最重要的是“我”对事物的态度。因为远看、讲话都是虚，行为才是实，从可怕、严厉变得温和可亲是指自己能够在实际行为中改过迁善，这样就能在君子的影响下达到教化的目的。李侗对朱熹说，凡事不能牵强，必须顺从天理，见得确实可做的才能做，也就是心里感觉洒脱的时候才能做。如果做的事情与天理有偏差，就必须体察天理的根本，看看所做的事是否适宜。李侗告诉朱熹，做学问要持敬专一，如果敬字不分明，许多事就把握不准。

李侗从做学问又讲到做人。他说人性本善，但念虑有善恶。而恶有大有小，大的恶在静坐体认中容易克服，最怕的是小恶。因为徘徊在利害之间，一会儿来，一会儿去，连续不断，很难驱除。一旦这些念虑与相似的事物联系起来，就有可能爆发出来。原因是它缠绕得很紧，即使想消除这个念虑也很难，这种念虑尤其害事。总之，世事纷纷扰扰，还须自己妥当处置。

回来的路上，李侗、朱熹坐在一棵百年老榕树下。李侗对朱熹说，天地之间有一个根本，就像这棵榕树的枝叶是从树根与树干派生出来的。人也一样，有了天理这个根本，虽然品德节操存在差别，道理曲折万变，也能统摄通晓。按照这个次序融会贯通就会各有条理，山川河流的脉络就不会乱，大到天地的高厚，小到事物的品种类别、化生长育，以至于经籍义理中含蓄而精微的言辞、日用生活中的小物用这个根本来判断，都能中正不偏。这就是天理在天地万物中的作用。

就像当年罗从彦收李侗为弟子一样，李侗收朱熹为学生之初也很高兴，他给学生罗博文写信说："元晦（朱熹的字）读书很用力，乐于向善、敬畏义理，晚年能得到这个弟子商讨学术的疑惑，很是欣慰。这个人聪明过人，身体力行让人敬畏。他讲学也很细致入微。他遇到辩论诘难的地方，就深入到对方的论点找出纰漏进行批驳，从源头的地方来体认道理，所以话说得好。朱熹这样很有好处。他开始的时候从儒家源头下工夫，并且从中体察、认识。现在相互辩论，看到儒家的脉络，并尽其所能指出差误的地方。自我见到罗从彦先生以来，就还没有看到过像这样的人。"

義人到此許登龍
餘地儘堪容旋馬

第九章

生活贫困 儒者本色

生活就是文化。治国、平天下不是处低瞻高、登高望远，而是在生活中切己深察，在日用中践行义理。晚年的李侗箪瓢屡空，但怡然自乐、处事有方，更与朱熹书信往来，诲人不倦，彰显儒者恬淡寡欲、清贫自守的本色。

贫病交加

李侗在樟岚时，住的是祖上留下的房子，还算宽敞。到州学任职之后，没有了产业，仅靠一些租谷和州学补助的微薄薪金维持生计，九峰山的几丘月牙似的稻田也只能补贴家用而已，生活比以前拮据了许多。绍兴三十一年（1161年）夏，因为要举家进城，李侗把在天河巷的那间小屋扩成两室一厨，一家人勉强居住在此。随着儿子的长大，房屋显得拥挤不堪，无奈之下只好再向外延伸。

剑浦县地处闽江源头，这里林深木秀，居民住房多用竹木建造，当地人把这种房子叫作“竹笎厝”。李侗的房子也是这种规制，李侗和几个儿子，外加几个亲戚，一起上山砍了几天的木头、竹子，然后劈的劈、削的削、锉的锉、凿的凿，一个多月就搭起了框架。

李侗扩建的房子是拼接起来的，就是在原来房子的外面立几根大一些的圆木，作为柱子。又在柱间架木为梁，形成木柱框架。然后把小圆木排成行列，用竹篾或藤把它编成木篱笆，众人合力把它固定在柱间，充作板墙。板墙外覆盖竹片，一来可以遮风挡雨，二来防止虫蛇入侵。地面铺一层厚厚的黄土，用木杵夯实。室内开一小门，与原来的房子连成一体，就算扩建房屋了。

房子扩建后，缓解了住房的困难。但竹木遭风雨侵袭，易朽易烂。几年后，房屋已经朽烂不堪，难挡风雨。李侗没能力全面更新，只能修东补西，哪里塌了补哪里，哪里漏雨补哪里。

儿子长大了，婚事一桩一桩摆在面前，而房子是婚事的前提。友直、友谅依次结婚、生子，李侗不断扩建房子。办法还是老一套，在原来拼接的房子外再拼接。几次拼接，房子大了许多，看似简陋，但占地面积大，远远看去也像是大厝人家。

住房还好办，不就是几张床吗？只要不漏雨，拼几根竹木也能将就，吃饭却没那么好解决。起初，儿子还小，食量不大。儿子长大又添了孙子，便入不敷出了。人总不能不吃啊！樟岚的亲戚进城看到李侗的家境，时常捎来一些粮食、瓜果之类以接济。但遇到灾年就难过了。

李侗是一个遵守古礼的处士，几个儿子的婚事办完，生活越发清苦。史料记载，李侗“箪瓢屡空”。“箪”是指盛饭的竹器，“瓢”是指盛水的容器。因为常常没米下锅，不需要做饭，所以竹器和容器都是空的，表明李侗的生活到了极度贫困的地步。

一年春夏，又是暴雨如注，建溪河满，西溪也河满，三江洪水汇入剑潭，奔入闽江，两岸一片汪洋。僻壤乡村，高山峻岭，溪小河窄，山洪如泻，所到之处山体崩塌，农田被毁。洪灾之后，官府赈灾，周恤灾民；灾民自救，平整农田，补种秧苗。但入夏之后，旱灾又起，无论多么虔诚祈雨都没有用。一年双灾，颗粒无收，城乡居民纷纷上山采甜楮、苦楮充饥。李侗一家也难逃厄运。更让李侗揪心的是妻子吴氏早在樟岚时已经患病，李侗经常在城里捎带去草药。吴氏进城后，病情没有好转，李侗只得三天两头带她去看郎中，为吴氏烧汤烹药，但还是无回天之力。

人死不能复生，活着的人还要继续过日子。这个时候的李侗涵养已越来越成熟，操守也越来越坚固，始终保持精干、纯朴的本色。面对种种困境，李侗没有因此面有难色。他认为脸上挂着愁容只会给家人带来负担，顺着天理前行才是唯一途径，所以史料说即便如此，李侗还是安适自在若有所得的样子。李侗告诉几个儿子，富也罢，穷也罢；乐也罢，苦也罢；难也罢，顺也罢，日子还得过，而且不能因为一时困难就心生憎恨，不能因憎恨就破罐破摔，恶居下流，做出违反天理的事情，更不能把憎恨发泄到别人身上。要知道，天下遭受意外灾难的不是只有我们一家，生活越是窘迫，越要坚持操守，越要保持本色。坚持操守和本色，就能彰显人的本性。

在李侗的教育下，友直、友谅、友闻知廉知耻、行为端正，人们夸奖李侗好家教、好家风。但李侗则认为，这是人的本分所在，理学讲的善就是常道常理，道德是一种自觉精神，人人都遵守社会道德，社会就会和谐稳定。高谈阔论只会让人心生浮躁，一讲到功业想到的不是打扫自家门前雪，而是一心想着打扫人家的瓦上霜，这其实都不是人的本分。所以用平常心做平常事才是儒家提倡的为人之道。

居家有常

在州学做事的李侗生活窘迫，但还是“居处有常”，就是说生活遵守平常人的方法。平常人的方法就是理学家说的天理。所谓天理也就是常理，是做人做事的普通道理。几十年的理学涵养，几十年的义理灌溉，造就了李侗的性格。他的生活与常人相同，既不局促，也不拘束，但又有自己的个性。他不喜欢做费力的事，只要生活安逸就好。

李侗家虽然简陋，但经过几次拼接，渐渐扩大了许多，而且还有了厅堂和小书屋。厅堂是接待来客小聚的，是家的门面，要让人觉得有些气象。李侗在厅堂两侧神龛挂上曾祖、祖父、父亲的画像，供桌上摆上香炉，每逢过年、清明、中秋祭祖时，便在此燃香点烛，焚烧冥纸，缅怀祖先。李侗一再告诉几个儿子祭祖的意义和常识，说祭祖是孝的重要表现，不可忽视。

小书屋是李侗特意安排的。说是书屋，其实也狭窄。本来，李侗也算儒雅之人，但生计都困难，哪敢奢望书屋。只是到州学做事后，朋友圈扩大，人家知道李侗的性格，不送别的只送书。书能御寒、书能充饥，李侗不能不要。你送一本，他送一本，七八年下来，收了上百本，经史子集诗词骚赋林林总总。但每当生火做饭，书便遭受烟熏火燎，每逢下雨屋漏书更遭殃。李侗心疼，书有圣贤言语，岂能如此糟蹋？再穷也得给这些圣迹找一个安顿的地方。李侗在扩建厅堂的时候，一并想到要辟一个小书屋。

书屋接在厅堂一角，李侗在书屋里摆上几个书架。说是书架，其实也粗糙，只是用几根木头架起一个框架，中间铺上小圆木，用藤、篾绑牢。但李侗用心营造这方儒雅之地，他把书籍做了归类，分出儒、释、道及诸子百家，而后在书架贴上标签，并规定：凡看书需爱护，读后的书需归位，以免别人找不到；页内不能折叠，以免损坏书籍；不能粘上污渍，以免弄脏书籍。

李侗喜欢书，几个儿子潜移默化下也喜欢书，因此常常为看书而发生矛盾。特别是李侗看到一半的书，因为儿子乱翻，以致思路被扰。为此，李侗定出规矩，每个人分别用不同的叶子做书签，以免造成混乱。

书架整齐、书籍整齐后，几个儿子帮着修饰书屋：友直在柱间一人多高的地方钉一排竹钉，挂上毛笔；友谅、友闻以竹为盆，填入沙泥，种上黄杨、兰花。最后，李侗摊开纸张，挥毫写下一个"静"字，挂在书屋门楣上，满屋书香、墨香、花香……

李侗也讲究生活秩序，规定生活家什要摆放整齐，灶面锅台要整洁干净，橱柜要井井有条，被褥鞋袜要叠放有序。同时，他还在房前屋后撒些花椒、辣椒，不仅可以防潮，也可以防虫蛇入侵；室内置些樟木、梓木、桐树，以防虫蛀；每年端午前后，他又熏艾驱虫杀菌等等。李侗尤其重视火灾水患，他认为水火无情，自古以来因水火而受灾的人太多太多，而许多灾难都是因为人们疏忽大意所致。所以，他要人们饮食起居时时警惕。为了防止火灾，他还根据灶台后堆放柴火的实情，要人们在柴堆里置放水桶，一旦失火桶里的水自然发挥作用，或可挽救损失。

李侗有常人的生活习惯，也有学者的风度和个性。剑浦县自古以来文化鼎盛、名流辈出。在州学教学的几年，李侗结识了很多朋友，有专攻金石的，也有考证古碑的，还有写字绘画的。李侗常常利用空余时间外出走亲访友。他拜访一位喜好收藏古碑的朋友家，一进门就看见客厅里挂满碑帖，李侗上前细细品读，之后坐定。主人敬过茶，李侗呷了一口，而后又起身踱步向前站在壁下，仔细端详碑文。看过一块，又移步依次看另一块。主人知道，持守专一祥缓是李侗的性格，以前的李侗也是急性子，后来用静作为修身的方法，才养成今天这样的习惯。

理学家之所以学理学，是因为他们学的是常人的举止，但他们与常人相比又多了一个喜好，那就是喜欢相互切磋学问。李侗也不例外，外出访友，也跟朋友探讨学问，并且有独到的见解。比如对杨时说的既要知道天下一个理，又要知道理在道德实践中有所区别，李侗就提出异议，认为知道天下一个理不难，难的是理在道德实践中的贯彻，也就是做到道理一贯比知道天下一个理更难。

高寿是福，但高寿经历的伤痛也多。李侗大多数师友都已去世，绍兴二十九年（1159年），又传来吴方庆去世的噩耗。吴方庆是李侗的姻亲、学友，也是陪伴李侗人生最长的一位亲友，李侗万分苦楚，含泪写了《吴方庆先生行状》。

与朱子之书

朱熹与李侗交往前后算起来有11年。虽然朱熹开始的时候表示要每年到剑浦求学，但后来因公务在身，也因成家立业、奉养老母之类的事情，更多的是通过书信往来请教李侗。据统计，从绍兴二十七年（1157年）六月到绍兴三十二年七月，李侗给朱熹的书信有24封。其中最多的是绍兴三十二年，有6封。

由于这时李侗65—70岁，子女外出，友人相继去世，感觉非常孤单，同时因年纪大，精力大不如前。如绍兴二十八年七月十七日写的信就说他自己整天无所事事，牙齿和头发因年迈也脱落，精力也慢慢开始不如从前。同年十一月十三日的信说，因生活窘迫贫寒，消息也闭塞，自己又只在村里安坐，一无所为，但每每想到古人贫穷难忍，而自己还能饿了有豆羹吃、渴了有清水喝时，就感到很满足了。绍兴三十年五月八日的信说，自己晚年没有别的事，只能在村里安坐，心里特别烦乱。过去的朋友都没有了，没有人可以相互交谈，可叹可畏。

李侗的学术观点，概括起来主要是理本论和心性论，其中心性论是李侗关注的重点。李侗的24封书信涉及孝道、心与气、静坐、求道、立志、志学、持守、礼之用、变化气质、为仁之方、道理一贯等等。如绍兴二十八年七月十七日李侗写给朱熹的信，针对朱熹说的“三年无改于父之道”，李侗回答说，应该辩证地对待改父道与劝谏的问题，如果不善的危害性大，则应即改，不必隐忍迁就。又如绍兴三十二年六月十一日李侗给朱熹的信，

讲到为仁之方。李侗说，仁是心的正理，仁与心二者一刻也不能停息，要能发能用、循环往复、周而复始。李侗告诉朱熹，禽兽草木的生理也没有停息间断的，但人得万物之秀最灵，仁、义、礼、智、信“中和”之气聚于一身，能知天、知地、知万物，而禽兽只知道其中一个方面而已。比如鸟有反哺之恩，羊羔有跪乳之情。人则能知全体，要在知仁方面下工夫，对仁字的理解要透彻，做到体用并举。

孟子、荀子、扬子对人性的善恶持不同的观点，但教化可以修身这一观点却是一致的。修身不是修人的形体，而是治心，是涵养心性。李侗有过善恶两端的切身经历，教训特别深刻，所以他在24封信中反复提到静坐、夜气、涵养、持守等与心性有关的词语。绍兴二十七年（1157年）六月二十六日李侗给朱熹的信，就要求朱熹进一步熟知品味孟子的夜气，在涵养中用力，这是读书人最需要掌握的。绍兴二十八年十一月十三日在给朱熹的信中，李侗说，人都有礼义之心，但是否能持守则各有不同。如果昼夜之间都能存此气不因外界干扰束缚而丧失，那么夜气就会存在。有了夜气，平时的习气就不会与事物交接，就能见到清澈明亮的气象。所以，想要涵养本心，必须在这方面持守。伊川说以外制内，用外界事物来涵养人的内在本心，便是入道的顺序。事实上“敬”是内心专一，如果专一而不明理，那么专一是出于勉强，因为这种专一并没有洒脱自得的功效，这是没有诚意的结果。洒脱自得十分重要，是学者应该下工夫的地方，不能保存夜气就失去了本义。所以要长久地持守，慢慢地融化冰释，使夜气不受外界事物的制约而能持守专一。如果能做到理与心合二为一，就差不多接近洒脱了。我自从听了罗从彦等师友的教诲，便经常在心目间用力。虽然我的天资不聪明，因世俗的牵累而受到的干扰妨碍也多，但专一之心不敢忘，圣贤之言也经常与心相会通，间或能辨别出这是正确的道理。

绍兴三十年（1160年）五月八日，李侗给朱熹的信中又提到“夜气”。李侗告诉朱熹，切不可节外生枝寻求“夜气”，否则可能就不对了。大体说来我们立志已定，如果读书一看到文字，思虑澄明，粗略一看就能与心会通，这便是正理。如果产生怀疑，就要担心是有了阻碍才不通畅。他举例说，伊川语录中记载明道先生曾经坐在仓库里默数廊庑的柱子，因怀疑是自己心神不定，数了好几遍都觉得不对。于是，叫人一边敲着柱子自己一边数，结果数字跟第一次数的一样，这是清明之气没有与心相通的结果。清明之气对读书人来说之所以重要，要看第二天是否丧失了存养工夫。如果第二天不能存养清明之气，说明夜间有了疑问。李侗要朱熹在内求静坐上下工夫，这样往往会取得效果。

总结李侗说的夜气，就是在静坐时要收敛身心，摒除私意。这个私意既有时间、空间上的“私下”之意，如“心不在焉”，人坐在室内，心里想的却是别的事，心不能与浑然自在的气相合。也有个人的习气，静坐时要克服这种习气干扰，前文讲的程颢因为刻意数柱子，带有私意，因而觉得数得不对，所以要做到心与气合，不能心是心、气是气。李侗甚至说，不仅要有圣人清明应物之气，而且要把圣人（指圣人之心）横在肚子里面。简单地说，就是要在静坐中思考，察识内在的持守与日用之间是否有不契合的地方，才能达到人与天理合二为一的境界。

李侗的静坐修身、持守存养、心与气合传递的是传统儒家心性哲学。从理学的角度说，也就是“未发”时默坐澄心、体认天理；“已发”时符合理的要求。可见，李侗说的心与气合，实际是心与理合。

理學名邦
“文武延平 理学名邦”书法展
南平市文化艺术馆
南平市非物质文化遗产保护中心
南平市文化艺术馆
南平市群艺馆艺术培训中心
黄老师书法
昕艺陶吧
馨灵瑜伽
主持表演
南平市文化艺术馆艺术培训中心
丰羽琴筝
群艺美术
小方舞蹈
少儿围棋
钢琴培训

第十章

辞世福州　世人称颂

人生百年，如同万物岁成枯荣，但道德性命由自家体贴、由自家摆布。风烛残年的李侗用生命的余光为他人秉烛。外埠奉养，不忘授徒；福州讲学，灯油耗尽；与世长辞，后人景仰，世人称颂。

外埠奉养

李侗一生多在樟岚、剑浦县城两个地方过着隐居生活。

李侗在州学任教、草堂讲学的时候，几个儿子也跟在身边，在州学读书之余，也跟李侗在草堂读书。李侗对自己因失误而没有进入仕途感到深深地自责和内疚，因此他寄望几个儿子能取得功名，成为朝廷的有用之才。为此，李侗对儿子精心教育。功夫不负有心人，绍兴二十七年（1157年），24岁的长子友直与22岁的次子友谅同时登进士榜。因李侗在南剑州很有名望，而这个时候李侗已65岁，考虑到李侗未来需要儿子照顾生活起居，朝廷就近安排人事，任命友直为江西铅山县尉，任命友谅为建安主簿。

建瓯东岳庙

两个儿子外出为官之初，李侗仍然在家乡生活。因为在李侗看来，眼前的风物也是天下风物，一物的规律就是万物的规律，眼前的事就是天下之事。所以，李侗不以游山玩水为乐，甚至连建州十分热闹的茶趣都没有引起他的关注，他一心只在乡间生活、州学任教或讲学，直到绍兴末年李侗才有两次外埠奉养的经历。第一次是绍兴三十二年（1162年）春正月，李侗到了次子友谅任职的建安。

建安是建州的治所。建州有许多文化景观，如建于东晋建武元年（317年）的东岳庙、五代改建的五凤楼、建于宋宝元二年（1039年）的文庙等。李侗到建安对当地的历史文化有了深入的了解，特别是“建宁腊茶，北苑第一”“龙团凤饼，名冠天下”的北苑茶更让李侗开了眼界。李侗在建安也真切地感受到斗茶、茶百戏的火热气氛。建安造茶饼，同为一城的瓯宁县则烧制茶盏附其风雅。最有名的是水吉（今属南平市建阳区）窑的黑釉盏，连宋徽宗都称赞说：“盏色贵青黑，玉毫条达者为上。”就是说黑釉盏中以青黑色的为贵重，而从纹饰方面说，则以玉毫条纹畅达的为上品。李侗原本僻居家乡，对建州的茶事虽有耳闻，但极少关注。原因很简单：心下热闹，做不成学问。

因为孤独，所以要儿孙陪伴；因为老年，所以要生活清闲；因为风烛残年，所以与世无争。何况70岁的李侗？在建安人的眼里本来看到的李侗应该是悠闲街头，或孙子绕膝的景象。但是，建安人没有料到他们在雅集品茗、斗茶寻乐时，从剑浦来的李侗却在友谅家里教育儿子怎么遵循天理、怎么治理政事。

绍兴三十一年冬，朱熹给升任同知枢密院事的黄祖舜写信，希望他能站在主战的立场，为收复中原失地建言献策。得知李侗在建安后，朱熹从五夫专程到建安拜会李侗。因为李侗

在建安住了3个月后便决定返回剑浦，朱熹又专程从建安护送李侗回乡。

朱熹这次到剑浦，住在西林寺近一个月，师生二人早晚讲学受学。此时的李侗虽然已是70高龄，但他的脸上还是透露出纯粹的表情。事实上，这时候的李侗，心神更加安定，心气更加平和，或动或静，都是一副悠闲安定的样子。李侗向朱熹传授存养、持守及涵养工夫。李侗认为，存养就是保存本心，培养心性，这个心性就是善性。但心在前，性在后，只有存心才能养性，心不存何以能养性，正如孟子所说的“存其心，养其性”。

朱熹离开剑浦后不久，朝廷政局发生重大变故。这年六月十一日，高宗将皇位禅让给孝宗，孝宗下诏天下的士人陈述得失，朱熹给李侗寄《致李侗先生书》，并附上草拟的奏章。李侗仔细阅读了几次，提出了许多意见，并强调自己身居山野，忧国忧民之心没有地方倾诉，要朱熹尽快寄出奏章。

第二次是隆兴元年（1163年）初夏，李侗再次外出。这次去的地方是在江西铅山任县尉的长子友直家。铅山在江西的信州，与武夷山交界。虽然与建安同一条线路，但需从建溪、崇阳溪逆流而上，经建安、建阳、武夷山，然后转乘马车走山路，水陆合计150多千米。因为路途远，而且李侗年纪大，家里叫了一个族亲陪李侗一起外出。

李侗一路走走停停，从剑浦乘船到建安后，小住几天又到建阳。朱熹生活的五夫与建阳交界，李侗从建阳北面的崇洛里山路前行，经芹溪逆流而上到五夫探访朱熹。

朱熹从14岁便来到五夫，在这里生活了20年。李侗到五夫的头一年，教朱熹最久的一位老师胡宪也去世了。

这次到五夫，朱熹正好要进京奏对，于是向李侗请教应该向孝宗奏对的内容。李侗当面复述了自己给朱熹回信的内容：首先，阐述《大学》之道；其次，说现今如果不战以后就更难以复仇；再次，阐述古代圣王制敌的策略。李侗强调，如今朝廷之所以风气不振，立志事功没有成效，正是因为朝廷以和议为名，坐着谈论国是。李侗肯定朱熹信里说的都很好，但信中有“和议”一条内容，这事很紧迫，如果时机适宜，应表明立场，果断排除和议，整顿纲纪，用大义断绝和议的可能，以昭示天下，并且把它当成国家的大事来考虑。他认为当今天下的第一要义是与金人不共戴天。最后，他肯定了朱熹在奏章中将这方面的内容讲得很清楚、很好。

李侗在五夫住了几天后，便前往铅山。八月，他又从铅山返回剑浦，路过武夷山时，朱熹陪李侗游览武夷山水。第一次游览武夷山的李侗，心情特别疏朗，写下了《题武夷》四首。更让李侗意外的是，在武夷山认识了汪应辰。九月十八日，李侗回到剑浦。

辞世福州

李侗有3个儿子、4个孙子、8个孙女。在世人眼里，李侗是一个“田夫野老”，但“田夫野老”不只是为了生计，更不能只为了贪图享受，而是要做一个有益于社会的人。李侗一生秉持这种理念，在生命即将终结的最后时刻，仍然保持着忘我精神。

从武夷山回到剑浦的李侗，仍然过着孤独的生活，但他依然讲学不辍。虽然这个时候他已经辞去了州学的职务，但只要有需要，他就毅然走上三尺讲台：剑津的渡头，有他趔趄的身影；九峰山的草堂，有他颤颤的声音……

隆兴元年（1163年）十月中上旬，李侗接到汪应辰专程派人送来的邀请函《聘延平先生书》：

不才质钝庸才

钦承

简命来莅，斯土统领八郡，分巡出狩。久闻延州有李先生励志潜修，学业通明，承濂溪之统绪，接伊洛之薪传，不以利禄驰名，隐居僻谷。朱熹得授先生春秋中庸语孟之说，以绍痉南之教，皆先生时雨之化也。愚屡思亲炙求训于门下，奈政事繁扰羁署，莫谒前奉。

上谕鉴修武夷冲和观幸睹尊颜同游仙岩邂逅得以相遇，因军务催迫分袂东南，情谊难刈，许会有期。倏隔数月，恍若三秋，欲傍门墙，仰望高谈，如饥似渴，景慕之情终不能已。敬修寸楮，命使恭呈望。

惠然而至，止宠祈勿外，扫榻以俟，不胜翘竚之至书上愿中李先生函丈。

不才汪应辰稽首百拜

汪应辰，字圣锡，原名洋，信州玉山（今江西玉山县）人。绍兴五年（1135年）进士第一，官至吏部尚书。汪应辰任福唐（福唐即今福州，治所在长乐董奉山）守时，因监修冲佑观与正在游览的李侗不期而遇，所以信中说武夷山相见之后几个月如隔三秋。汪应辰与李侗，前者是福唐守，朝廷命官；后者身在乡野，如田夫野叟。前者是名声赫赫的状元，后者是不写书、不写文章的平头百姓，二人根本没有可比性。但是，汪应辰不以官位为荣，而以学术道德为尊，把道德性命之学看成是必修课。他态度谦卑，在庶民面前自谦才能平庸；他礼贤下士，对李侗敬重有加；他崇文重道，如饥似渴。为迎接李侗的到来，他甚至打扫了卫生、铺好了床铺、布置好了讲堂，足见汪应辰对李侗的重视程度。

汪应辰送来邀请函的同时，还为李侗备好了车马。史料没有记载李侗的身体状况，但年逾古稀的老人，随时都有可能发生意外。然而，李侗并没有在意。汪应辰的恳切话语，让他接受了这份盛情的邀请。不料，李侗到福州后，十月十二日旧病复发，于十五日病逝于州治馆舍，终年71岁。

李侗去世后，汪应辰派参议官王伯序、观察推官谢仿为李侗护丧。汪应辰亲自主持入殓仪式，丧具礼仪都很周全。停棺几天后，李侗的几个儿子赶到，护送灵柩回到剑浦。

第二年（1164年）八月，李侗灵柩安葬在崇仁里瓦口上井笼（今属南平市延平区炉下镇）。李侗的子孙、儿媳、亲友，以及南剑州、剑浦县的僚属均前往为李侗致哀、挥泪送别。

李侗墓

世人称颂

李侗走了，走得意外，也走得热烈，上上下下都知道南剑州有一个处江湖之远的李侗，有一个朱熹的老师李侗。

李侗去世的当年十一月六日，朱熹正在垂拱殿为孝宗陈述格物致知的道理、献抗金复仇的计策、呈任贤修政的策略，并严厉谴责主张和议的权臣。直到第二年李侗下葬的时候，朱熹才赶到剑浦。

一般来说，先人或师友的去世，祭文只写一篇即可，但朱熹与李侗关系特殊，写了两篇祭文。在下葬仪式上，朱熹含泪伏读《祭延平李先生文》：

道丧千载，两程勃兴。有的其绪，龟山是承。龟山之南，道则与俱。有觉其徒，望门以趋。惟时豫章，传得其宗。一箪一瓢，凛然高风。

猗欤先生，早自得师。身世两忘，唯道是资。精义造约，穷深极微。冻解冰释，发于天机。乾端坤倪，鬼秘神彰。风霆之变，日月之光。爰暨山川，草木昆虫。人伦之正，王道之中。一以贯之，其外无余。缕析毫差，其分则殊。体用混元，隐显昭融。万变并酬，浮云太空。仁孝友弟，洒落诚明。清通和乐，展也大成。婆娑丘林，世莫我知。优哉游哉，卒岁以嬉。迨其季年，德盛道尊。有来抠衣，发其蔽昏。侯伯闻风，拥篲以迎。大本大经，是度是程。税驾云初，讲议有端。疾病乘之，医穷技殚。呜呼先生，而止于斯。命之不融，谁实尸之。合散屈伸，消息满虚。廓然大公，与化为徒。

古今一息，曷计短长。物我一身，孰为穷通。磋惟圣学，不绝如线。先生得之，既厚以全。进未获施，退未及传。殉身以殁，孰云非天。

熹也小生，丱角趋拜。恭惟先生，实共源派。訚訚侃侃，敛衽推先。冰壶秋月，谓公则然。施及后人，敢渝斯志。从游十年，诱掖谆至。春山朝荣，秋堂夜空。即事即理，无幽不穷。相期日深，见励弥切。蹇步方休，鞭绳已掣。安车署行，过我衡门。返旆相遭，秋凉已分。熹于此时，适有命召。问所宜言，反复教诏。最后有言："吾子勉之。凡兹众理，子所自知。奉以周旋，幸不失坠。"归装朝严，讣音夕至。失声长号，泪落悬泉。何意斯言，而诀终天。病不举扶，殁不饭含。奔走后人，死有余憾。仪刑永隔，卒业无期。坠绪茫茫，孰知我悲？伏哭柩前，奉奠以赞。不亡者存，鉴此诚意。

这篇祭文600多字，因受篇幅之限只略作解读。全篇分三个层次：第一层次从"道丧千载"到"凛然高风"，是写道统传承。道统自尧舜开始，传到孟子失传，直到1500年后，程颢、程颐阐明圣学，道统勃然大兴。尔后，杨时"程门立雪"，道统南传；罗从彦拜杨时为师，得圣学正宗。第二层次从"猗欤先生"到"孰云非天"，写李侗拜罗从彦为师，传承道统，是对李侗一生德业的概括，如讲李侗把道学用来资养身心；讲李侗穷理既深入又细微，达到冻解冰释的程度；讲李侗仔细研磨天地万物，以求人伦、王道的中正；讲李侗缕析理一分殊，没有毫厘偏差；讲李侗讲学，启发智力不高的弟子；讲李侗物我观照，既读书、学理，又深入社会实践；讲李侗道德纯备、学术通明；讲圣学几乎中断，李侗传承研究既深透又全面。第三层从“熹也小生”到“鉴此诚意”，写朱熹与李侗的关系。因为朱熹的父亲朱松与李侗同时在罗从彦门下读书，两家有通家的情谊，所以儿童时期的朱熹急切要拜见李侗。祭文特别提到李侗晚年五夫之行时反复教导朱熹入朝奏对应当表明的态度与立场的事情。恩师去世，朱熹等于失去了一位以教以养双重身份的家长。从此，恩师师范社会的仪型阴阳两隔了，怎能不让人失声痛哭？

另一篇《又祭延平李先生文》：

山颓梁坏，岁月不留。即远有期，亲宾毕会。柳车既饬，薤露怀悲。生荣死哀，孰不推慕？熹等久依教育，义重恩深。学未传心，言徒在耳。载瞻繐帱，弥切悲伤。筑室三年，莫酬夙志。举觞一恸，永诀终天。呜呼哀哉。

上篇祭文记述李侗的事迹和朱熹的缅怀，这篇祭文则侧重于朱熹内心的哀痛之情。朱熹把李侗比喻为大山和梁柱，只是岁月无情难以挽留，终有一天会离开人世，“生荣死哀”，谁不向往羡慕？朱熹说自己虽然长期受到李侗的教育，但老师的话语只是听在耳畔，所传的学问还没有入心。悲伤之情，难以言表，即便为老师守墓三年，也无法表达自己对老师的思慕。

不仅如此，朱熹还写了《挽李延平先生三首》（五律）《挽李延平先生》（又称《用西林四韵》）。后者“一自蓝舆去不回，故山空锁旧池台。伤心触目经行处，几度亲陪杖履来……”李侗去世多年后，朱熹经过往日与李侗交往的地方，常常想起师生交往的情景，好像恩师正拄杖来到面前。

为了铭记李侗，朱熹还为李侗撰写了《延平先生李公行状》，称李侗“道德纯备，学术通明”，并把平时与李侗论学的语录整理成篇，辑成《延平答问》刻印发行。

汪应辰则亲自撰写《李延平先生墓志铭》，阐述李侗一生的学术、道德，最后用韵文概括李侗一生德业：

学以为己，己则安在。磋世之人，以外为内。
挟策读书，无异博塞。先生之学，有源有委。
端居静虑，以究天理。其中澹然，尘垢不起。
真积力久，道乃在我。大本既立，施无不可。
世莫知之，志于布衣。独使一乡，化为善良。
我为铭诸，以俟君子。有欲求之，其考如此。

汪应辰强调李侗一生是为自己修身进德所学，突出的表现是道在“我”心。理学家说人心能弘扬道心，而不是道心弘扬人心。心、物、理合一，一点都没有间隔，才能止于至善。一介布衣的李侗，不以官位扬名，但他却以个人的道德操守，整齐一方风俗，善化一方风气，这是李侗的最大功绩。

以德治为本，以刑政为末，这是儒家的政治情怀。李侗是实践德礼的典型。朝廷知道有一种力量叫软实力，它能春风化雨，滋养身心；它能化恶为善，化刚为柔……所以对李侗给予

孔庙中李侗牌位

表彰。宋淳祐七年（1247年），理宗皇帝赐李侗谥号“文靖”；元至正二十八年（1368年），朝廷赠李侗为“太师”，追封“越国公”；明万历四十一年（1613年），李侗入孔庙从祀，与闽北另外10位名儒进入中国文化最高荣誉的殿堂。清康熙四十五年（1706年），朝廷赐“静中气象”祠额。

清康熙题“静中气象”（李国柱摄）

因为青年时期受李侗教育，朱熹理学思想逐渐成熟，进而集理学之大成，形成中国思想史、哲学史上的著名学派——考亭学派，“南剑三先生”（杨时、罗从彦、李侗）发展成为“延平四贤”“闽学四贤”（杨时、罗从彦、李侗、朱熹）。

儒学是中国文化的主流思想，朱子理学是孔孟以来儒学发展的一个高峰（新儒学）。这个高峰不仅是接续了儒家道统，更是心法在日用生活的实践，是中华文明的高峰。李侗一生秉承师说、传播文化、引领风尚、传递文明，为南剑州的“理学名邦”做出了重要的贡献。

后　记

福建，山海相拥，人杰地灵，人文荟萃，英才辈出，产生了许多伟大的思想家、文学家、教育家、科学家和民族英雄、爱国先驱、革命将士、时代楷模。他们的教育成长、道德品行和思想文章，是福建的宝贵精神财富，教育和激励着一代代福建人努力学习、奋勇前行。福建省社会科学界联合会组织编写的“福建历史文化名人丛书”，以福建历史名人为题材，古今结合，意在从高处着眼、从基础着手，普及人文社会科学知识，促进人文道德养成，使社会科学知识走进大众、走进生活、走进现实，让更多的人了解福建历史名人，弘扬优秀传统文化，增强福建文化影响力和感染力，为建设文化强省添砖加瓦。

“福建历史文化名人丛书”（第三辑）所包含的董奉、薛令之、游酢、罗从彦、李侗、袁枢、蔡元定、刘克庄、俞大猷、洪承畴10个人物故事，记录了福建文化之于中国历史的影响，同时也以人物史的叙述方式生动地展现出中国人文精神的风骨和传统文化的传承。人物篇以人物生平为线索，在故事中体现传主的学问、事功、道德，凸显他们在中华文明进程中的重要作用，深入挖掘和阐发其内在精神，从而激起读者爱国爱乡的强烈情感，使之成为涵养社会主义核心价值观的重要源泉。

这套丛书以广大群众为读者对象，尤其是各年龄段的学生群体以及受过中等教育的读者，他们对这些历史名人的认知，大多来源于历史课本、乡土教材、文化景点和博物馆，很难形成具

体、深入、系统的认识。丛书深入浅出，雅俗共赏，通过一个个生动精彩的故事带领读者走进福建历史，走入人文社会科学的知识殿堂，融故事性、知识性、趣味性、可读性于一体，对提升大众的阅读水平、普及社会科学知识、提高人文社会科学文化素养和思想道德素质有着积极的作用。

福建省社科联党组书记、副主席林蔚芬对编撰出版工作提出明确要求，给予大力支持。省社科联党组成员、副主席缪建萍亲自指导本书的策划和编写工作。省社科联从事社科普及工作的李道兴、杨文飞、林彤、李培錩等具体组织实施本丛书的编撰出版工作。

专家刘小新老师对丛书写作大纲和书稿进行了认真审读，并提出了许多很好的意见和建议，在此表示感谢！

由于编撰出版时间紧，经验和水平有限，疏漏在所难免，敬请广大读者批评指正。

编委会

2017年8月